SONNETS

DU COMMANDANT

DE JOUENNE D'ESGRIGNY D'HERVILLE

SUIVIS D'UNE

NOTICE SUR PÉTRARQUE

> Pour charmer l'ennui de la route,
> Grétry, sa lyre en main, traversait l'Achéron ;
> « Ramez donc, dit-il à Caron ;
> Que faites-vous ? — Ma foi, j'écoute ! »

MARSEILLE

TYPOGRAPHIE ET LITHOGRAPHIE MARIUS OLIVE

RUE SAINTE, 39

1880

SONNETS

DU COMMANDANT

DE JOUENNE D'ESGRIGNY D'HERVILLE

SUIVIS D'UNE

NOTICE SUR PÉTRARQUE

> Pour charmer l'ennui de la route,
> Grétry, sa lyre en main, traversait l'Achéron;
> « Ramez donc, dit-il à Caron;
> Que faites-vous? — Ma foi, j'écoute! »

MARSEILLE

TYPOGRAPHIE ET LITHOGRAPHIE MARIUS OLIVE

RUE SAINTE, 39

1880

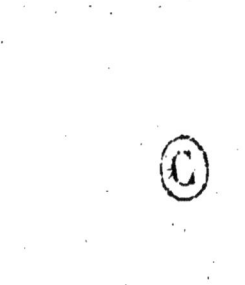

A MM. LES MEMBRES

De l'Association des Anciens Élèves du Collège de Compiègne

Messieurs,

Tout le monde sait que pour la poésie surtout les auteurs obéissent aux impressions de l'enfance et de la jeunesse, en tenant compte des lieux parcourus, des situations et des sites. Quel plus beau domaine pour l'imagination que Compiègne, cette ville de souvenirs et de frais ombrages ! L'aspect des grands bois, le prestige d'une cour autrefois puissante et vénérée, la vue du château, le mouvement des chasses royales, l'ensemble et le concours des cavaliers, les brillants uniformes, l'éclat de la représentation devaient porter dans le cœur et l'esprit des élèves l'instinct des belles choses, quand, de leur côté, l'amour de l'étude et l'émulation les entraînaient vers les idées rêveuses et ambitieuses de l'avenir.

De notre temps, *plus d'un demi-siècle*, l'instruction et l'éducation reçues au collège étaient fort libérales et on ne se serait guère douté que la discipline sévère de Saint-Acheul avait pris racine sous son modeste toit. Rien n'égalait la tendre affection des élèves les uns pour les autres, leur respectueuse soumission envers leurs professeurs et cette puissante sympathie générale qui, établissant entre tous la plus douce solidarité, les suivait encore longtemps après la sortie des classes. Pour notre compte, nous n'oublierons jamais l'époque reculée de 1826, lorsque, délaissant le latin et le grec, nous nous lancions avec fureur vers les petites représentations théâtrales qui se donnaient à la fin de chaque année scolaire. Notre début fut d'affronter les personnages de Sganarelle dans le *Médecin malgré lui*, de Vincent dans le *Dîner de Madelon ;* et le brave abbé Gueudet, alors Principal, n'était pas trop effrayé de voir son cher élève interpréter d'autres rôles dans le *Menteur véridique* et les *Châteaux en Espagne ;* tout marchait donc bien dans ce meilleur des mondes, et l'inflexible réglum ne troublait pas, comme vous auriez pu le penser, tous nos goûts artistiques. L'année suivante, à la bibliothèque de Saint-Cyr, nous avons continué, avec plusieurs de nos amis, la lecture des auteurs tragiques étrangers et français et c'est sous le poids des idées et impressions puisées dans leurs séduisants écrits où notre muse s'est formée, que je me suis senti encouragé à vous offrir ces sonnets et fleurs poétiques de mon automne, feuilles tremblantes et encore vertes que va bientôt emporter l'impitoyable hiver.

En qualité de membre de l'Association des anciens élèves, j'ai voulu les présenter tout d'abord à notre très-cher et aimé Secrétaire, M. le Principal Dusuzeau, notre bienfaisant trait-d'union avec le Collège, et sous la férule et l'habile direction duquel le vieux soldat-poète se remettrait avec plaisir, mais la chose n'est pas possible ! Puissent aussi mes camarades d'enfance, ceux surtout dont je retrouve avec tant de bonheur les noms dans le compte rendu annuel, m'accorder leur coup d'œil approbatif.; ce sera pour l'auteur du livre un regain de jeunesse, un serrement de main dans le passé, la plus douce et la plus précieuse des récompenses !

D'Esgrigny d'Herville.

PRÉFACE

L'auteur du recueil de sonnets que l'on va lire, M. le commandant d'Esgrigny d'Herville, n'est point assurément un inconnu dans le monde des Lettres ; il y a vaillamment conquis son rang et, j'ose l'affirmer, un rang honorable. Il n'y est pas non plus un nouveau venu ; car, dès l'année 1845, je constate l'apparition, à Alger, d'un premier volume de poésies qui obtient le suffrage d'un délicat, d'un fin connaisseur, je veux parler de Reboul, le célèbre poète nîmois. En 1872, le commandant d'Esgrigny, mettant à profit les loisirs d'une retraite qu'il a bien gagnée, écrit et publie : *Les Souvenirs de garnison*, véritables mémoires, dans lesquels il résume avec une verve humoristique, je dirai presque avec une *furia* toute française, la première partie de son existence militaire qui ne compte pas moins de 40 années de bons et loyaux services. Les descriptions, les anecdotes, les portraits abondent dans cette œuvre attrayante ; les portraits surtout y sont tracés avec une telle netteté, ils y ont un tel relief qu'ils semblent burinés moins avec la pointe de la plume qu'avec celle de l'épée. Je n'ai pas besoin de faire ressortir le vif intérêt que présentent les figures des hauts et nombreux personnages, politiques ou autres, avec lesquels l'écrivain s'est trouvé en rapport, souvent intime, et qu'il fait défiler devant les yeux charmés de ses lecteurs. Parmi les personnalités qu'il met en scène, apparaissent le roi Charles X, le duc de Bordeaux, le roi Louis-Philippe, les princes d'Orléans, puis de nombreux officiers généraux qui furent ses camarades de promotion à Saint-Cyr, ou de garnison dans les diverses localités de Provence, de Corse ou d'Afrique, dont il dessine à la plume les paysages avec une merveilleuse fidélité.

Quel que soit l'attrait de ces mémoires, nous ne saurions cependant nous y arrêter davantage ; il faut, sans plus tarder, mentionner un second volume de poésies qui est, en quelque sorte, le précurseur de celui que nous avons aujourd'hui l'honneur de présenter au public. Ce choix de pièces, variées par leur facture non moins que par leurs titres, a vu le jour en 1877 et a reçu, à son baptême, la gracieuse dénomination de *Sonnets ou Fleurs de poésie du commandant d'Esgrigny*. Ferons-nous la nomenclature de ces titres, l'analyse des pensées et des sentiments contenus dans ce dernier recueil comme dans le recueil actuel ? Il nous paraît préférable de laisser le lecteur s'égarer, sans guide, dans ces parterres émaillés de fleurs poétiques, de lui laisser aussi le soin d'y cueillir, à son gré, le bouquet mignon ou la pleine gerbée, d'y assortir, à son goût, parfums et couleurs, et même de s'y contenter d'une simple fleurette dont la corolle recèlera, peut-être, un pur diamant, une scintillante goutte de rosée.

Cependant, sans énoncer les titres, nous croyons devoir dire que le poète s'inspire, dans ses compositions, des impressions du jour, de l'évènement contemporain, du galbe élégant ou du commerce aimable d'une fille d'Ève, de la vue d'un paysage admiré, de la floraison des lilas et des roses, des joyeuses espérances du printemps, des mélancolies de l'automne. Une note domine pourtant, entre toutes, dans cet agréable concert; cette note, c'est moins l'imagination du poète que le cœur du père qui la fait vibrer. C'est que, dans ce cœur, se dresse, toujours vivante, l'image d'une enfant qui n'est plus ! d'une jeune fille dont la grâce précoce, la tendresse infinie et l'idéale beauté expliquent le culte de tous ceux qui l'ont connue, c'est dire tous ceux qui l'ont aimée. Elle était vraiment l'ange au radieux visage entrevu par Reboul, ce chantre inspiré de *l'Ange et l'Enfant*. C'est à ce fantôme adoré que le pauvre père veut donner une seconde vie, mais cette fois une vie toute d'immortalité.

C'est pourquoi, notre poète peut répéter, avec M. Edmond Arnould, un de ses confrères en l'art de bien dire, ces paroles émues :

> Cher inconnu, qui prends ce livre
> Pour le feuilleter au hasard,
> Songe que ce n'est pas mon art
> Mais mon âme que je te livre.

Oui, c'est vraiment son âme que nous livre notre cher écrivain, mais c'est aussi son art, je veux dire son style, et ce style c'est lui-même : car l'illustre auteur des *Époques de la Nature*, Buffon, ne l'a-t-il pas dit, le style c'est l'homme ; or jamais cette vérité ne s'affirma plus complète que dans l'œuvre du commandant d'Esgrigny. Descendant d'une noble famille, élevé à Compiègne, témoin dans son enfance des dernières splendeurs de la cour du roi Charles X, M. d'Esgrigny en a gardé dans son souvenir une empreinte profonde et comme un inaltérable reflet. Ces idées chevaleresques, cette politesse exquise d'une époque lointaine se manifestent dans son langage comme dans ses écrits. N'ayez nul souci d'y rencontrer des pensées ou des expressions, comment dirai-je... naturalistes; le style du Commandant est, au contraire, toujours châtié, correct, je dirai même classique; à ce titre, il mérite d'être transmis aux générations à venir.

Le lecteur va se demander, vraisemblablement, comment un écrivain qui peut si aisément se produire de lui-même au public a choisi, pour cette présentation, un des plus modestes citoyens de la république des Lettres. Cette question nous laisse tout interdit. Peut-être le Commandant, en souvenir de sa vie militaire, a-t-il voulu faire exécuter, comme jadis au jour de la bataille, une sonnerie... littéraire, et alors...

Eh bien ! soit, s'il nous a choisi... après tout il doit se connaître en hommes... avançons à l'ordre ; sonnez clairons, sonnez trompettes, voici le poétique régiment, toutes bannières au vent ; sur son passage, ami lecteur, acclamez le chef, applaudissez au soldat.

L. S. DE VINSARGUES.

SONNET-DÉDICACE

Aux Elèves du Collège de Compiègne

―――

Amis, pardonnez-moi si, déposant ma lyre,
Je viens mettre à vos pieds un ouvrage important.
Deux cents sonnets, bon Dieu ! c'est trop fâcheux à dire,
N'auront pas pour charmer tout l'attrait séduisant.

Cependant, vous savez, lorsque la Muse inspire
Poèmes si légers, il faut saisir l'instant ;
Ensemble les goûter serait un gros martyre,
Nous borner à l'un d'eux n'est pas trop accablant.

Puis, sans beaucoup d'orgueil, inutile de taire
Ce qui vous paraîtra la fraîcheur du parterre,
Venant du doux poète, élève d'autrefois !

Enfant de même enceinte, anneau de même chaîne,
Il aimait du travail et la gloire et la peine,
Mais encor' plus le jeu, — quand il avait le choix.

LE RÊVE DE L'ENFANT

Sur le sein maternel contemplez cet enfant :
A quoi peut-il rêver, si ce n'est à la rose
Parfumant son berceau, lui disant quelque chose
Du bonheur infini, peut-être du néant ?

Mais non, il est si faible, il ne sait, en dormant,
Que songer aux flots bleus, et son espoir repose
Sur le lac argenté, la lèvre demi close
De celle qui sourit toujours en le berçant.

Il aperçoit aussi devant lui le nuage,
Vapeur éblouissante et lui voilant l'image
De l'ange qui bientôt sera sur son chemin,

Et la brillante fée étalant sa richesse,
Prodiguant son amour, sa divine caresse,
Semant de perles d'or son jeune et beau destin.

L'OMBRE DU DIABLE

Visage découvert, l'épaule un peu trop nue,
A l'écart endormie et rêvant au destin,
Sous un berceau de fleurs mollement étendue,
Lise était attardée, un beau soir, au jardin.

De celui qu'elle aimait, alors son doux voisin,
Hélas, triste danger ! elle était aperçue ;
Il pouvait profiter de sa peine ingénue,
Tout en la réveillant commencer le larcin.

C'était l'instant terrible où rôde à la charmille
L'ombre du tentateur craint de la jeune fille,
Oui, l'affreux Lucifer !... Que va-t-il se passer ?

Heureusement pour elle, une plus grosse affaire
Appelait le démon qui ne s'arrêta guère :
Son ami sur son front ne posa qu'un baiser.

IL FAUT VIVRE AVEC SON SIÈCLE

Pourquoi vous tracasser ? c'est l'ordre du Destin,
Quand à votre bonheur il manque quelque chose,
Si le ciel s'obscurcit, si se fane la rose,
Si votre ami s'en va sans vous serrer la main.

Le monde est ainsi fait, et du sombre chagrin
Il ne faut pas toujours remonter à la cause.
Qui peut nous rendre gai ? Souvent cela repose
Sur un songe bizarre oublié le matin.

Et puis ! que nous importe, après tout, ces chimères,
Politique débat, déplorables misères
Nous poursuivant partout, créant tant d'embarras !

Pour vous inquiéter, songez qu'il est une heure
Plus fatale à rêver, sonnant à la demeure,
Qui ne manque jamais... c'est celle du trépas !

OU EST LE CHAT ?

Inutile, ma foi, de montrer tant d'audace
Et, pour charmer l'esprit, fatiguer sa raison ;
De franchir, d'un seul bond, les hauteurs du Parnasse ;
De gravir, en rêvant, le superbe Hélicon !

Obtenir le succès demande peu de place :
Un tout petit dessin, fait sans grande façon,
Offrant sa devinette et montrant quelque trace,
Enchante davantage, inscrit sur le carton !

C'est ainsi dans ce siècle ! Au milieu des platanes,
Cherchez le chien, le chat, la bergère ou les canes !
Ecoutez, on vous crie : *Où sont les amoureux ?*

Et moi, je crois vraiment, voyant cette importance
Que l'on donne à ce jeu qui met l'âme en démence,
Que pour trouver des fous on a trop de deux yeux !

À QUOI PEUT SERVIR LE LATIN

Clorinde a de l'esprit, est aussi fort savante,
Elle aime son cousin, on connaît son projet ;
Tout le monde le sait, sa famille est contente,
Et le jour de l'hymen sera jour de bienfait.

« Avant de l'accomplir, je dicte mon arrêt »,
Dit la mère à sa fille, elle était très prudente ;
« Pour cet ami du cœur, pas de preuve enivrante ;
« Un seul mot de ta langue, alors tout est défait ! »

Y songeant, la petite est prise d'un fou rire ;
Sans manquer au serment, se promettant d'écrire,
Elle le fit bientôt du soir jusqu'au matin.

Connaissant son Virgile, Horace autant qu'Homère,
Elle avait double choix et, sans tromper sa mère,
Sa prose elle étala, mais ce fut... en latin !

DU PAUVRE AVEUGLE

HÉLAS! LE CHIEN QUI DEVIENT SOURD

Faut-il vous raconter, c'est fort pénible à croire,
Ce que je vis un jour, en sortant de chez moi ?
Car ce récit toujours assombrit ma mémoire,
Parlant du vieil Aveugle et du Chien en émoi.

Ils allaient tous les deux, et l'homme, sans effroi,
Chevauchant lentement comme gens après boire ;
Le Chien marchait devant ; mais, émouvante histoire !
Voilà que le barbet, soudain, s'arrête coi :

Il tournait le regard, faisait triste figure,
Ne comprenant pas trop sa nouvelle aventure :
Passait un véhicule, il ne l'entendait pas.

Pour bien guider son maître, il fallait le tapage ;
Le signal du danger assurant le voyage :
L'animal, était sourd, n'avançait plus d'un pas.

UN ANE QUI A PLUS D'ESPRIT
QUE SON MAITRE

Seigneur Aliboron écoutait en silence
Son maître et sa moitié, tantôt se disputant ;
Le premier avait tort et, plein de nonchalance,
En acceptant la lutte, avait un air dolent.

Les phrases se croisaient, roulaient conmme un torrent ;
La femme allait toujours, avec sa persistance,
Chaque mot plus cruel devenait une offense
Que le pauvre homme, hélas ! supportait en tremblant.

L'Ane, très avisé, vit ce qu'il fallait faire :
Sitôt, dressant l'oreille et se mettant à braire,
Il détourne la femme en étouffant ses cris.

Aussi pour les époux cette règle s'impose
Et la voix de stentor est aussi bonne chose
Qui veut être employée au secours des maris.

IL FAUT AIMER !

Les siècles ont marché, le soleil pompe l'onde ;
Zéphire aime la fleur, son parfum tant vanté ;
Et la lune blafarde entoure notre monde,
Le suivant pas à pas toute une éternité.

Par le trouble divin se sentant agité,
Le sage craint l'amour... c'est en vain qu'il le fronde ;
Malgré son grand savoir sur la machine ronde,
Dans l'abîme charmant il est précipité.

Ainsi l'humanité se lie aux pieds d'Omphale,
Par l'aimant attirée à la perte fatale
Qui l'excite à goûter le bonheur enchanteur !

Et Madeleine aussi, dans l'Evangile même,
Un peu trop s'aventure au séduisant problème,
Baisant la main d'un Dieu, la robe du Sauveur.

LE MARABOUT DE SIDI-BRAHIM

(23 *Septembre* 1845)

Ami, te souviens-tu de la cité d'Isaure [1],
Lorsque gai tu vivais au milieu des soldats?
Quand le souffle du Tasse ou de l'ami de Laure
Enflammait ton ardeur, l'amour pour les combats !

Dans l'Afrique indomptée on bravait le trépas;
C'était le bon vieux temps qui dominait encore ;
Hélas ! que de héros, dont la France s'honore,
Aux bataillons [2] sacrés dont tu suivais les pas !

Combien de noms inscrits au suprême holocauste
On aurait pu citer ! Géreaux et Froment-Coste,
Et Dutertre surtout, le cœur le plus vaillant !

L'illustre Marabout a gardé la mémoire
De ce fait glorieux... sanglant pour notre histoire,
Monument éternel et phare étincelant !

[1] Toulouse.
[2] Les chasseurs à pied.

LE CHARLATAN RUINÉ

Un charlatan célèbre eut un rêve illusoire !
Et disait posséder un élixir fameux
Nous donnant la raison, le bon sens, la mémoire,
Et prétendait aussi qu'il rendait amoureux !

« Passants, approchez-vous ; car, vous pouvez me croire,
« Buvant avec transport de ce vin généreux,
« Vous aurez en partage et vous vous ferez gloire
« De dons fort éclatants, de biens très précieux !

« Des secrets infinis vous connaîtrez les causes,
« Aurez de gros trésors et les plus belles choses,
« En gagnant de l'esprit, notre charmant espoir ! »

A ce mot mal sonnant tous ont dressé l'oreille,
Et repoussent bien loin la divine bouteille :
Quand il s'agit d'esprit, chacun pense en avoir.

LE BAISER D'UNE MÈRE

Si sur le temps passé nous posons la balance,
Ajoutant au plateau l'image des plaisirs,
De nos projets déçus la pénible souffrance,
Il nous restera bien quelques doux souvenirs !

Soit l'amitié sincère accueillant nos désirs,
Ou le timide amour offrant son espérance,
Les grandeurs d'ici-bas : source de l'abondance
Promettant la richesse, objet de nos soupirs !

Mais je sais une chose, ah ! plus belle, en ce monde,
Que tous les vains trésors s'échappant comme l'onde,
Ne nous donnant jamais que bonheur incertain :

C'est le charmant contact du baiser d'une mère,
Que nous sentons encor quand sa lèvre si chère,
Caressant notre front, nous disait : A demain !

L'ANGE SAUVEUR

« Ami, que ne vas-tu là-bas où chacun prie ? »,
Disait un inconnu qui suivait le chemin
De l'honnête Ouvrier... « à l'Église, on oublie
« Le chagrin du passé, la peur du lendemain !

« Et ne le vois-tu pas que triste est cette vie !
« L'amitié te sert peu, ton espoir est très vain ;
« A de nombreux dangers ton âme est asservie. »
L'Enfant, ayant parlé, le saisit par la main.

Sous le souffle enchanteur de cette voix sonore
Qu'il n'entend déjà plus, mais qu'il écoute encore,
Tous les deux, chevauchant, arrivaient au saint lieu.

Le but était rempli, c'était un doux miracle ;
Le guide disparaît... au pied du tabernacle
Il reparaît bientôt en Ange du bon Dieu.

HISTOIRE D'UN SOU

RACONTÉE PAR LUI-MÊME

A peine je naquis que je me vis en poche
D'un riche financier, près des écus sonnants ;
J'étais humilié, ne pouvant mettre en broche
Les ortolans farcis, les poulardes du Mans.

Bientôt, de sa demeure un malheureux s'approche ;
Je glisse dans sa main, j'augmente ses enfants,
Petits sous comme moi ; courant de proche en proche,
Nous coutentons ensemble acheteurs et marchands.

J'étais fort satisfait ; hélas ! quelle aventure !
Un gros garçon, gamin d'agréable figure,
Jouant, me fait rouler dans le fond d'un ruisseau :

J'y suis depuis longtemps, trop loin de la surface,
Sans espoir d'être vu, que quelqu'un me déplace,
Retenu par mon poids dans ce triste tombeau.

A MES AMIS DU COLLÉGE

QUI M'AVAIENT INVITÉ A UN BANQUET

Quand à nous réunir l'amitié me convie,
Dans mon esprit j'entends deux sons bien différents,
Je veux prendre mon luth et la raison s'écrie :
« A ton âge, on n'a plus les rêves de vingt ans ! »

Me rappelant d'abord tous nos plaisirs d'enfants,
De son côté le cœur excite mon envie,
Je songe à nos transports, à la douce harmonie
Qui nous suivait partout dans les jeux, sur les bancs.

Amis, vous le voyez, célébrant cette fête,
Les tendres souvenirs sont éclos dans ma tête,
Trop nombreux pour remplir le cadre d'un sonnet.

Pourtant, quatorze vers vaudraient un long poème,
S'ils pouvaient vous prouver à quel point je vous aime,
En semant mille fleurs au milieu du banquet.

L'ESPÉRANCE

(*Deuxième Prix d'un Concours*)

Parmi les sentiments qui gouvernent le monde,
Il en est un, surtout, dont le prisme enchanteur
Nous soumet à ses lois et de foi nous inonde ;
Qui charme la pensée et fascine le cœur !

Voyez vous ce nocher, comme il glisse sur l'onde,
Et le prêtre à l'autel et le soldat vainqueur ;
Le pauvre, sur son lit, quand la misère abonde ?
Ah ! que deviendraient-ils sans un fil conducteur ?

Soit courage ou vertu, s'abritant sous la voile,
Celui qui les possède, en contemplant l'étoile,
Tient toujours à la main le merveilleux anneau :

Du nadir au zénith la chaîne en est immense ;
Elle entoure l'enfant ; mais, plus chère, au tombeau
Nous la trouvons encore. Amis, c'est l'Espérance !

MARSEILLE LA BELLE !

Trop douce illusion ! téméraire projet !
Vanter cette cité, sa vaste Cannebière,
Son port majestueux que le soleil éclaire,
C'est avoir trop d'audace et braver le regret.

Puisqu'il est commencé, terminons le sonnet.
Allons à Notre-Dame écouter la prière,
Et nous contemplerons le spectacle sévère,
Remontant vers Longchamp, ce chef-d'œuvre complet.

Nous verrons l'obélisque élevé dans les nues,
L'arc de triomphe au nord et la splendeur des rues
Rome, Saint-Ferréol et surtout *Paradis ;*

A gauche, les vaisseaux s'abritant au rivage
Que caresse la brise, et la si chère image
De tous les flots d'azur que jalouse Paris.

LE PALAIS DES ARTS DE LONGCHAMP

Edifice éternel de splendeur et de gloire,
Que l'on voit chaque jour, que l'on admire encor,
Jamais plus beau triomphe et plus belle victoire
Que l'heure qui bénit ton gracieux décor !

Cité des Phocéens, aux pages de l'histoire,
Ton nom s'inscrira mieux par ce riche trésor.
Le commerce éclatant, fuyant de la mémoire,
Ne vaut pas ce palais plus brillant que ton or !

On dirait, contemplant ce trop magique ouvrage,
Que Phidias, un jour, en a conçu l'image
Et du génie antique a produit les effets !

Merveilleux Parthénon !... devant toi, comme un rêve,
La mer, dans son transport, doucement se soulève,
Laissant couler ses flots amoureux et discrets.

LA CORNICHE

Tu peux bien admirer le grand saint dans sa niche,
Toi, l'ami des beaux-arts ! le plus riant tableau ;
Et, malgré leurs beautés, un charme tout nouveau
Bientôt te saisira, si tu suis la Corniche.

Tu n'auras jamais vu de dessin aussi riche,
Parcourant pas à pas ce superbe rideau :
Travail incomparable, et que l'orgueil affiche,
De gros blocs suspendus et coupés au ciseau !

Le sonnet est trop court pour pouvoir vous décrire,
Anses, légers vallons où la brise soupire,
Maisonnettes, villas qu'on se plaît à chercher !

Bouillabaisse vantée ! oursins, frais coquillage,
Sur la table, je sais, ont suprême avantage ;
Mais, plus modeste, moi, j'aime le Blanc-Rocher [1] !

[1] Le *Roucas-Blanc*.

LE RÊVE D'UNE MÈRE

Vous qui venez d'en Haut, Souffles de la nature,
Et vous, charmants Esprits, Ange ou bien Chérubin,
Arrêtez un instant ; un mot, je vous conjure,
Ce sera le dernier : Était-elle en chemin ?

On dit que vers le Ciel, quand notre âme est si pure,
Toujours elle s'envole et que, fleur du Destin,
Se changeant en étoile, elle sert de parure
Au firmament doré qui sourit au larcin.

Alors, je puis la voir bientôt près d'un nuage ;
Doucement rassuré, mon cœur aura ce gage
Et ce ne sera plus l'ombre dans le tombeau,

Ce que l'on cherche en vain au fond des plus beaux rêves,
Sur les paisibles lacs, au sein des vastes grèves,
Dans le rayon d'argent colorant le coteau.

LA HARPE BRISÉE

Elevons vers le Ciel la voix dure ou légère ;
Que ce soit sons vibrants, ou chants mélodieux ;
Que l'éclat nous gouverne, ou l'ombre passagère :
Il en sera de même au moment des adieux.

Cette valeur d'Hector, d'Achille la colère,
Disparaissent bientôt aux siècles nébuleux ;
On entend un instant le grand bruit du tonnerre
Et la mer soulevant ses flots impétueux !

Puis, le silence arrive. A notre dernière heure,
Lorsqu'il faudra quitter notre pauvre demeure
Où tout s'agite encore, où tout s'évanouit ;

Quand au creux du cerveau sombrera la pensée,
Dans ce vague inconnu qui précède la nuit,
Tombera de nos mains une harpe brisée !

LA NUIT

Quand l'astre bienfaisant, animant la nature,
Retire son flambeau, sa divine clarté,
Les ténèbres se font et la sombre figure
Du néant apparaît pleine de majesté !

C'est l'heure du repos pour notre activité.
Lorsque le jour se cache, alors plus d'aventure ;
Aussitôt que la terre a voilé sa parure,
Dans le silence aussi le corps s'est abrité.

Mais tout ne s'endort pas. — Notre esprit qui sommeille,
Follement agité, tendrement se réveille ;
Esclave d'un beau songe, un rayon le conduit ;

Et c'est l'instant heureux où renaît l'espérance,
Ce sentiment aimé qui tarit la souffrance
Par le calme si doux que l'on nomme la nuit.

LE CRÉPUSCULE

Silence autour de nous. — On n'entend que la voix
Du tendre rossignol qui garde la vallée,
Le ruisseau qui murmure et la plainte isolée
De la brise dormant dans l'épaisseur des bois.

C'est l'heure où le berger reprend la grande allée,
Orgueilleux du troupeau ; s'arrêtant, quelquefois,
A la claire fontaine, au pied du mausolée
Qui cache l'espérance et les vœux d'autrefois !

Et tout semble sourire, et le bonheur fait vivre
De ce baiser du soir qui bientôt nous délivre
De l'air trop embrasé, des chaleurs de midi ;

De rayons moins ardents l'horizon se colore,
Ce n'est pas le soleil, ce n'est pas l'ombre encore
Qui recouvre l'amour que le Ciel a béni.

L'AURORE

C'est l'instant solennel où la brise s'éveille;
Sur la branche l'oiseau répète sa chanson,
Retrouvant ses amours, l'étonnante merveille
Du doux rayon doré colorant le buisson.

La bergère en son lit sent un léger frisson;
Puis l'aurore s'étend sur tout ce qui sommeille.
Le laboureur, songeant aux travaux de la veille,
Prépare sa charrue et le grain du sillon.

L'air est plus animé. — Du sein de la chaumière,
Semblable au doux parfum, s'élève la prière ;
Le vent, qui souffle au loin, a fait trembler l'ormeau ;

Et la feuille s'agite, avec la fleur s'incline,
Saluant du Seigneur la majesté divine
Et le retour si cher du céleste flambeau.

L'HEURE DE MIDI EN PROVENCE

Pourquoi ne pas chanter, quand des flots de lumière
Sont répandus partout, éclairant le sentier ?
Des hauteurs du zénith sur la nature entière
Le beau rayon s'étend, dore le peuplier.

Tout sourit au grand jour. — Du ruisseau l'onde claire
S'écoule murmurant au pied de l'olivier,
Et l'abeille bourdonne et la brise légère
Caresse avec amour la fleur de l'églantier.

Pourtant, c'est le moment de la brûlante haleine ;
L'ouvrier, fatigué, laisse tomber sa chaîne,
Regagne le logis, s'abrite au fond des bois.

C'est l'heure de midi ; — tout se tait au village ;
On n'entend bientôt plus que le bruit du feuillage,
Des cigales aussi les monotones voix.

UNE SÉDUCTION

Un matin, jour d'été, je vis sur mon bureau,
Petit cercle bombé, transparent et liquide :
Vous avez deviné, car c'était un peu d'eau
Que le souffle apportait dans sa course rapide.

Deux êtres sont auprès — d'un aspect fort timide,
Ailes d'azur, ayant costume le plus beau !
Le corps fin allongé, l'estomac assez vide.
Ils s'étaient aperçus, la veille, à mon rideau.

Et moi, si généreux pour tout ce qui soupire,
Si vous le voulez bien, je puis aussi vous dire
Le secret amoureux : ce qui se passa là !

Ce fut mince caresse, un doux baiser de mouche,
Ne rendant aucun son, à peine s'il nous touche ;
Je fis un mouvement, le couple s'envola !

LE MARI QUI PORTE SA CROIX

« Tu vas donc me quitter ; approche, mon ami,
Ta cravate est tournée et fait une grimace,
Je viens te l'arranger. — Comme ce vent m'agace !
Je crains pour toi le rhume et c'est tout mon souci.

« Monte ton pantalon, il n'est pas à sa place,
Tu peux bien le hausser, toujours il a son pli !
Ton chapeau de travers n'a pas non plus de grâce ;
J'y pense : informe-toi si le mien est fini.

« A propos, en courant, passe chez le notaire,
L'acte on te donnera, ce n'est pas une affaire ;
De timbres j'ai besoin, il faut m'en acheter !

« Ah ! mais, je me rappelle : au coin, près de l'église,
J'ai vu très belle image à notre amour promise,
Le portrait de Jésus ! Songe à me l'apporter. »

UN ANGE A PARIS

Ce matin, m'arrêtant, j'ai bien cru voir un Ange
Qui descendait du Ciel sur le sol de Paris ;
Sa taille était divine; un sentiment étrange
A la fois a troublé ma raison, mes esprits.

Je m'approche assez près, et très mal m'en a pris !
Des beautés de la femme, ah ! c'était le mélange !
Elle rêvait de Dieu. Soudain je la dérange,
Elle tourne vers moi son regard tout surpris.

Ces yeux avaient en eux quelque chose d'austère,
De doux, incomparable, étranger à la terre,
Talisman précieux pour notre faible cœur !

Aussi, me retirant, j'éprouvais dans mon âme
Un peu de ce transport de la céleste flamme
Epurant la pensée et nous rendant meilleur.

CE QUE L'ON AIME EN CE MONDE

Le monde change-t-il? hélas ! rien ne le prouve;
La forme seulement nous trompe quelquefois ;
Grattez un peu l'écorce, aussitôt on retrouve
Défauts et qualités, songes creux d'autrefois !

Le siècle est ainsi fait. Pour obtenir des voix,
L'un voudrait la noblesse, un autre la réprouve,
Plus grand mérite il faut, chacun de nous l'approuve,
On doit aimer son Dieu, bien obéir aux lois.

Cependant j'en connais, se donnant un faux titre,
Croyant avoir accès, plus de droits au chapitre,
Tout en faisant la roue, obtenir du renom.

L'insensé ne voit pas que, toujours sur la terre,
Malgré tous ses aïeux, on doit avoir, pour plaire,
Grandeurs et dignités, ou de l'or à foison.

OU VONT DORMIR NOS RÊVES

Pourquoi me reprocher de répandre ma flamme
Sur tout ce qui m'entoure et d'écrire en rêvant,
Lorsque les souvenirs sont gravés dans mon âme
Pour y verser encor leur attrait séduisant ?

Tantôt c'est un baiser qui revient en passant,
Tantôt le doux regard qui m'offre sa réclame,
Le soupir étouffé qui si bien nous enflamme,
Quand le sensible cœur s'attache au cœur aimant !

Que d'êtres ne sont plus qui comptaient les promesses,
Par tous ces mots si chers d'éternelles tendresses !
Que de mains se pressaient en répétant : Toujours !

Regardez le torrent emportant toutes choses,
Et la feuille des bois et le parfum des roses :
Ainsi de l'amitié, surtout de nos amours !

SERVICE POUR SERVICE

Je me souviens encor, ça se passa naguère ;
Alors j'étais fort jeune, un pauvre adolescent,
Quand un chien furieux menaça ma grand'mère
Toute seule au jardin... C'était très effrayant !

Avec certain aplomb je frappai le cerbère,
Il s'enfuit aussitôt. Le péril était grand :
Pour l'avoir conjuré, j'implorai mon salaire,
Bonne maman me prit, caressa son enfant.

Ce n'était pas assez pour semblable service ;
Baisers de vieux parents sont un doux bénéfice
Que l'on a sans lutter... ces choses-là se font.

Mais, voyant accourir ma charmante cousine,
Du même âge que moi, mère, de sa voix fine,
Me dit : « Embrasse-la... seulement sur le front. »

Mlle ALICE DELLAC

AGÉE DE TROIS ANS

―――

Ce matin, je l'avoue, ayant assez de presse,
Je cherchais vainement un écrit, un compas ;
Alice, ma voisine, épiant ma tendresse,
Autour de moi tournait, me suivait pas à pas.

« On vous parle, monsieur, dit-elle avec rudesse,
Vous devriez répondre... » Elle n'acheva pas.
Je compris cet avis : leçon de politesse,
De si jeune venant, me mit dans l'embarras.

Bientôt, étant assis, elle approche une chaise,
Pour être à ma hauteur, m'embrasser plus à l'aise.
N'en soyez pas surpris, Alice a trois printemps !

Mais vous vous demandez, apprenant tant de choses,
Voyant ces baisers purs, aussi doux que des roses :
Que sera-ce, grand Dieu ! quand elle aura seize ans?

LE LEVER DU SOLEIL

Déjà la nuit, moins sombre, écarte ses rideaux,
Pour faire place au jour, d'abord lueur légère,
Formant le crépuscule, instant de la prière,
Quand s'agite le vent, quand tremblent les ormeaux.

En peignant la nature il faut d'heureux pinceaux,
Car bientôt le soleil commence sa carrière,
Semant ses flots d'argent, ses torrents de lumière
Sur le bocage en fleurs et les riants coteaux !

Il donne le signal. — La terre se ranime,
Le bel oiseau s'éveille et chante à la colline,
Partout où l'ombre fuit et percent les rayons ;

Et, le berger debout, le laboureur entraîne
Ses bœufs qui, deux à deux, vont mesurant la plaine,
Au soc de la charrue attachant les moissons.

LES TROIS AGES DE LA VIE

Regarde ce ruisseau serpentant au bocage,
Semant son harmonie et le parfum des fleurs !
Ah ! comme il est petit ! on dirait le jeune âge,
Sur son aile portant sa joie et ses ardeurs !

Mais le cours s'agrandit, s'élargit le rivage,
Bientôt l'onde murmure au milieu de clameurs,
Le navire apparaît : la lutte et l'abordage
De la virilité sont les bruits précurseurs.

Le fleuve est tout formé, désormais rien n'enchaîne
Le torrent de ses flots qui courent dans l'arène,
Allant au même but : la mer, l'immensité !

Chargé de souvenirs, c'est le vieillard qui passe,
Contemplant l'horizon, l'Océan, cet espace,
Qu'on appelle néant ou bien éternité !

LE RETOUR DU PRINTEMPS

Le Printemps va venir et bientôt son haleine
Se répandra sur nous en semant sa chaleur ;
Le ciel, couvert d'azur, exercera sans peine
Son attrait séduisant, son prestige enchanteur !

Du suave parfum échauffant notre cœur,
Le zéphir amoureux déjà remplit la plaine,
Et chacun de nous cède au pouvoir qui l'entraîne,
Lui donnant, à la fois, la paix et le bonheur.

Les uns aiment la gloire, et d'autres la richesse ;
Moi, qui suis peu tenté par leur vaine promesse,
Je préfère les fleurs et l'éclat des beaux jours :

Quand la saison nouvelle élargit le feuillage
Préparant pour l'été la douceur de l'ombrage
Au pied de l'arbre vert, mes fidèles amours.

LES EFFETS PRINTANIERS

Te voilà de retour, tu sais remplir notre âme,
Printemps ! semant partout ton éclat, ta splendeur,
Offrant ton air si doux au pauvre qui réclame
Et que le riche encor désire avec ardeur.

A ton approche, hélas, plus sensible est le cœur,
Il vient se réchauffer et puiser à ta flamme ;
Sous le ciel radieux on voit la noble Dame
S'émouvoir davantage en respirant la fleur.

Alors, c'est le moment où fillette légère
Demande plus d'amour, de tendresse à sa mère,
Prise d'un feu nouveau qui brûle dans son sein :

Son mal est inconnu — problème qu'elle ignore,
Facile à deviner, attrait qui la dévore,
Disparaissant le soir, revenant le matin.

LE PAPILLON ET LA ROSE

Un petit papillon vingt fois allait en plaine,
Ne s'arrêtant jamais, courant de fleur en fleur,
Et n'avait pas trouvé d'aimable souveraine
Capable de fixer son amour et son cœur.

Pourtant, un jour advint : je raconte sa peine,
Le cruel accident qui causa son erreur.
Cela vous prouvera qu'on doit rompre sa chaîne,
Plutôt que se livrer à l'excès du bonheur !

Une rose le voit, élargit sa corolle,
Offre son beau calice au bel enfant qui vole,
Accepte ses baisers, se referme soudain :

L'insecte, dans sa joie et sous la chère étreinte,
Étouffe et meurt bientôt, sans proférer de plainte
Et ne pouvant briser son amoureux lien.

LE PALE AUTOMNE

La fraîcheur du matin correspond à l'aurore ;
Bientôt le pâle automne a remplacé l'été,
Le rossignol se tait et le rayon colore
Faiblement le coteau déjà fort attristé !

Aimant toujours la brise, admirant la clarté,
Ma lyre, cependant, rend un son plus sonore,
Car dans le clair-obscur elle retrouve encore
Un aliment très-cher à son activité.

La feuille va jaunir, image d'espérance
Qui vient et disparaît ; — le froid, c'est la souffrance
Qui ternit bien souvent nos plus vives ardeurs :

Il faut un dur contraste à l'âme endolorie
Ou la rose vermeille ou la rose flétrie,
La branche du cyprès se mêlant à nos pleurs !

LE TRISTE HIVER

Celui qui tient en mains la lyre d'Apollon
Ne rêve que l'amour, les fleurs et leur langage,
Il se sent frissonner à l'aspect de l'orage,
Au contact de l'hiver qui glace l'Hélicon.

Il redoute la neige étalant son flocon
Sur l'arbre jadis vert qui donnait de l'ombrage,
Quand la brise embaumée égayait le feuillage,
Lorsque l'oiseau du ciel répétait sa chanson.

Aujourd'hui c'est le froid, et la muse s'irrite
De savoir les mortels sans demeure et sans gîte,
Égarés par la nuit, perdus dans le chemin ;

De penser que l'un d'eux, ayant trop faible haleine,
Sans appui, sans secours, peut céder à sa peine,
Et sous le blanc linceul terminer son destin.

LA NEIGE

La neige nous surprend : sous ce nouveau suaire
L'horizon disparaît dans un épais rideau,
Et le manteau de lis qui recouvre la terre
A remplacé l'éclat du céleste flambeau !

Du pâtre abandonné qui garde son troupeau,
On n'entend déjà plus que la voix solitaire,
Ou le bruit triste et lent de la cloche éphémère
Qui nous rappelle encor l'église du hameau.

Hélas ! tout s'assombrit et, pourtant, la nature
Avec reconnaissance accepte sa parure :
Que de trésors cachés sous les légers flocons !

Le sol est arrosé. — Pour lui c'est la caresse,
Qu'il attend bien souvent, assurant sa richesse,
Et le bonheur promis à l'heure des moissons.

MERVEILLES DE LA NATURE

Ce qui plaît à l'esprit, l'aspect de la nature,
Les prés, les bois touffus, les champs et le vallon,
Les sites enchanteurs où la douce verdure
S'étend à l'infini sans borne à l'horizon.

Des murs du vieux château bravant toute saison,
J'admire avec respect la solide structure,
Et le lierre amoureux lui servant de parure,
Comme un épais manteau, s'élevant au donjon.

Après, ce n'est pas tout : parfois le ciel nous donne
Un son vague dans l'air, quand la cloche résonne,
Lorsque le jour, moins chaud, dépouille sa clarté.

Soudain l'onde jaillit du rocher solitaire
Et charme les échos, se répandant légère
Sur les tapis de fleurs étalant leur beauté.

JOIE D'UNE DAME MARSEILLAISE

En apprenant qu'elle allait être chantée par un nouveau Pétrarque.

Quel est ce doux rayon messager de l'aurore,
Qui vient, mystérieux, écarter mon rideau ?
Je n'ai rien ordonné... Ma chambre se colore,
Déjà le jour grandit, allume son flambeau.

Pendant que je dormais, m'abandonnant encore
A sa chère pensée, au rêve le plus beau :
Pourquoi troubler ainsi le feu qui me dévore,
D'un songe plein d'espoir dissiper le lambeau ?

On dit que, du pays proclamant la merveille,
Le poète vanté, tout en charmant sa veille,
A prononcé mon nom, dans l'ardeur de son chant ;

Qu'après avoir aimé la reine de Vaucluse,
Il revient chaque nuit, et retrouve sa muse
Et sa harpe divine au palais de Longchamp.

PORTRAIT DE LAURE

Amis, ne croyez pas que, poète, j'invente :
Jamais astre plus beau ! d'aspect plus gracieux !
Hélène dans Homère, et Béatrix de Dante
N'avaient pas son éclat, la douceur de ses yeux !

Et de l'onde, amassée en flots capricieux,
Un seul de ses regards peut calmer la tourmente ;
Pour admirer ses traits et sa voix si touchante,
Les anges à la fois sont descendus des cieux.

Sitôt qu'elle paraît, l'oiseau retient ses ailes,
La fleur avec la brise, en compagnes fidèles,
Répandent dans l'éther leur agréable odeur.

Enchanté, tout se tait. Alors tout fait silence,
On n'entend que les sons de suprême cadence
De la harpe divine aux mains du Créateur.

PÉTRARQUE A LAURE

Et vous vous demandez : « Que va-t-il donc me dire,
« Pour me flatter encore et quel sera son choix ?
« Je l'avoue et crains trop qu'il n'attache à sa lyre
« Que le son du passé, toujours la même voix. »

Oui, vous avez raison : quand mon amour m'inspire,
Les notes et le cœur me guidant à la fois,
Avec l'heureuse idée et le noble délire
Je ne sens que l'écho de mes vœux d'autrefois !

Je dois vous répéter : Vous êtes ma merveille,
Et votre nom si cher, qui vibre à mon oreille,
Va servir d'aliment aux rêves les plus doux !

Le temps peut s'écouler, la minute est fidèle,
Et chaque rayon d'or m'apporte, sur son aile,
Tout le souffle embaumé me reparlant de vous.

DEUXIÈME DÉCLARATION
DE PÉTRARQUE

Fixer votre regard est chose téméraire;
Comme un pur diamant, il éblouit les yeux,
Et, pour s'en détacher, il serait nécessaire
D'avoir entre les mains tout le pouvoir des Dieux !

S'il fallait l'oublier, je crois qu'il vaudrait mieux
Dans la sublime extase évoquer la prière :
Mais on retrouverait son image si chère
Au doux contact de l'Ange, à la beauté des Cieux.

O cruel embarras, me voilà sans défense !
Car je perds mon courage et ma noble vaillance,
Lorsque le moindre mur protège le roseau :

Aussi faible que lui, je vois bien que je tremble
Et, si fort attiré, désormais il me semble
Que vous êtes soleil et moi la goutte d'eau.

SAGE RÉPONSE DE LAURE

Mortel ! Pourquoi m'aimer, quand je suis immortelle !
Je ne saisis pas trop ton projet ténébreux ;
Je pardonne pourtant à l'ardeur de ton zèle,
Tu ne sentiras pas le pouvoir de mes feux !

Je connais peu la terre et ne vois que les cieux ;
La fleur a la beauté, disparaît avec elle,
Et si j'ai dans le cœur la céleste étincelle,
Ce sera pour bénir, n'adorer que les Dieux !

Tu sais que sur mon front je garde la couronne
Que l'époux, toujours cher, nous présente et nous donne ;
Que je suis insensible à tout propos galant.

Tu désires mon nom... il fuirait dans les grèves,
Et tu le redirais si souvent, dans tes rêves,
Qu'au lieu de ton bonheur ce serait ton tourment !

MODESTIE ET AVEU DE PÉTRARQUE
QUI S'ADRESSE A LAURE

Au sommet du Parnasse étant si tard venu,
Je n'ose l'aventure et tombe en défaillance ;
Je devrais vous chanter, jugez de ma souffrance :
Vanter tant de beauté, de grâce et de vertu !

Un compliment à faire... il sera mal reçu,
La rime est difficile et je prévois d'avance
Un regard de dédain pour toute récompense,
Ou le reproche amer, s'il pouvait être lu.

Tout en pensant à vous, le silence m'attire ;
Pas de mots assez doux pour abriter ma lyre,
De sons assez touchants pour dépeindre vos traits :

Si j'osais, Apollon se montrerait sévère,
Et le charmant Virgile et le sublime Homère
Auraient trop à rougir des vers que j'aurais faits.

PASSION INSENSÉE DE PÉTRARQUE

QUI N'A PAS VU LAURE

Je voudrais bien savoir pourquoi, chauffant la terre,
Le soleil radieux lui donne sa splendeur ?
Pourquoi l'astre des nuits, dans sa course si fière,
Répand des flots d'argent, sympathique couleur !

Et puis, connaître encor tout le charmant mystère
De la brise embaumée et d'où vient son odeur ?
Pourquoi l'insecte ami, dans son vol éphémère,
Cherchant à butiner, se cache dans la fleur ?

En demandant cela, c'est dire que mon âme
Ne saurait résister à la céleste flamme
Qui l'excite, tremblante, et l'entraîne vers vous ;

Que mon œil, devinant le pouvoir de vos charmes,
M'oblige à m'arrêter, à déposer les armes ;
Que dis-je ? c'est bien plus !... à tomber à genoux !

PENSÉES DE L'AUTEUR

A L'ÉGARD DE PÉTRARQUE ET DE LAURE

O choix délicieux offert à ma mémoire,
De Pétrarque et de Laure aimable souvenir !
De Laure tant aimée et qui n'osait le croire,
De Pétrarque amoureux qui voulait tant mourir !

Son chant si solennel ajoutait à sa gloire,
Et son rhythme divin grandissait l'avenir,
Chaque rime trouvée enrichissait l'histoire
D'un nouveau diamant pour un simple soupir.

Poète, j'aime aussi les riantes fontaines,
La bruyante cascade, ou l'eau qui dort aux plaines,
Et mon esprit se joue au rêve le plus beau.

Maintenant, j'ai, surtout, sans que mon cœur s'abuse,
L'aliment le plus cher : j'ai rencontré ma muse,
La reine de Longchamp, mon superbe flambeau !

PÉTRARQUE SE MEURT

EN APERCEVANT LAURE

Celle qu'il adorait, qu'il attendait encore,
Qu'il parait dans la nuit, qu'il ornait le matin,
Sous les yeux du sommeil, au lever de l'aurore,
N'avait pas été vue... et c'était son destin !

Eclairant le vallon et, se montrant soudain,
Devait-elle apparaître en brillant météore ?
Ou bien, en jeune femme à voix douce et sonore,
Le rejoignant sans crainte et lui tendant la main ?

Telle était sa pensée et, pourtant, vers Vaucluse,
Cette fontaine sainte et qui charme sa muse,
Le Poète s'avance et ralentit ses pas.

Il tremble tout à coup, la pâleur la plus sombre
De la mort, à l'instant, le couvre de son ombre,
L'aurait-il aperçue ? Alors c'est le trépas !

SONNET TROUVÉ

DANS LES PAPIERS DE PÉTRARQUE

Tu ne sais pas son nom, et pourtant tu l'adores !
Il faut le demander aux échos amoureux
Le répétant en chœur et quand leurs voix sonores
Le versent dans la brise aux flots silencieux !

Tu ne sais pas son nom, cependant tu colores
Et sa bouche vermeille et son front gracieux,
Lorsque d'un mot bien doux très souvent tu décores
Le bel astre inconnu que tu vois dans les cieux !

Mais, connais-tu celui de la barque légère
Semant sur le rivage une ombre passagère,
Déposant à tes pieds et richesse et trésor ?

Sais-tu quels sont les noms des tendres tourterelles,
Témoins de tes soupirs, emportant sous leurs ailes
Le secret de ton cœur dans leur rapide essor ?

LES POÈTES D'AUTREFOIS

Quand Pétrarque, inspiré par la douce harmonie,
Remplissait, de ses chants, les échos et les bois,
La femme était un Dieu ! la tendre mélodie
Et notre art si vanté se rangeaient sous ses lois.

Arioste et le Dante, Homère et ses exploits
Sont effacés dans l'ombre ; Orphée et son génie
N'ont plus aucun attrait ; telle est notre apathie,
Que le Tasse lui-même a perdu tous ses droits !

Le temps a bien changé. Florian, ses bergères,
Passant devant nos yeux, seraient choses légères;
Volontiers, nous rions des dessins de Watteau !

Du haut du piédestal l'image est descendue,
Mais quand son doux rayon se cache dans la nue
Le monde voit ternir l'éclat de son flambeau.

L'ÉCHELLE DU DIABLE

Ne vous effrayez pas : c'est un petit mensonge,
Une fable pourtant renfermant sa clarté ;
L'échelle que Jacob aperçut dans un songe
N'est pas ce que je dis et n'est rien à côté.

Le Diable, un jour, fidèle à l'ardeur qui le ronge,
Avait dressé pour moi cet objet tant vanté :
« Grimpe, me disait-il; là-haut que ton œil plonge,
« De trésors inconnus tu verras la beauté ! »

Et je le pris au mot. Curieux, je dévore
L'espace devant moi... J'escaladais encore,
Quand l'échelle soudain s'augmente à l'infini

Et, les degrés montés, il les coupe derrière ;
Je n'avais plus de choix et, comme sur la terre,
De cet affreux Démon j'étais à la merci !

LA LEÇON D'HORTICULTURE

Je ne sais vraiment pas ce que pensait ma mère,
Me défendant, ce soir, de me rendre au jardin !
On me traite aujourd'hui comme pauvre étrangère ;
Je devais recevoir leçon de mon cousin.

J'ai, pourtant, mes quinze ans !... Elle est par trop sévère ;
Je suis fort ignorante : apprendre, le matin,
L'histoire et la virgule, il n'est pas nécessaire,
Pour connaître cela, d'avoir l'esprit malin !

Lui pouvait m'enseigner les plus charmantes choses :
D'où viennent les bourgeons, comment naissent les roses,
Le velouté des fleurs, leur éclat sans pareil ;

Ce que l'on doit surtout savoir, dans cette vie :
Pourquoi, dans le verger, la fleur épanouie
Offre son doux calice aux baisers du soleil !

L'ESPRIT FRANÇAIS AU XIXe SIÈCLE

O pauvre esprit français! quelle étrange folie
A bien pu te proscrire et détourner ton cours?
On doit s'étudier... d'abord perdre l'envie
De s'amuser beaucoup ; il faut pleurer toujours !

A suivre les beautés, encenser les amours,
Tout en prenant des gants, on a peine infinie ;
Le drame a dominé, Marot et son génie
Ne se retrouvent plus : adieu de si beaux jours !

Vous citez le prochain : c'est grosse médisance ;
Un regard courroucé vous impose silence,
Si de lui vous parlez en terme peu discret ;

Et la voisine aussi, de charmante figure,
Si vous vantez par trop sa grâce et sa tournure,
Vous êtes fou, dit-on. Le monde est ainsi fait !

LA PART DU FEU

Amis, réfléchissons, nous sommes en carême,
Nous devons renoncer au charme du désir,
Sans nous aventurer au bonheur trop extrême,
N'avoir qu'une pensée : au salut aboutir !

Est-il bon, pour cela, d'éviter tout plaisir ?
Je le crois avec vous, il faut changer de thème.
C'est pécher trente fois, ainsi le veut Barrême,
Quand l'heure est destinée à se bien recueillir.

Pourtant, si le voisin aperçoit sa voisine,
Avec un pied mignon et sa taille mutine,
Pourra-t-il, un instant, oublier le saint lieu ?

Il ne doit regarder ni la fleur, ni la rose ;
Cependant, si l'idée à son esprit s'impose,
Il sera pardonné, car c'est... la part du feu.

UN TRÈS VILAIN LANGAGE

Vous m'adorez ! vraiment, la chose est fort aisée,
Quand on a devant soi des yeux comme les miens;
Maman consent à tout, et telle est sa pensée
Au pacte solennel d'unir nos deux destins.

« Pour guérir tous les maux, abréger les chemins,
« Il est riche, elle a dit, et l'or est panacée.
« Puis, nous nous ressemblons... tu seras très rusée
« Pour cacher tes défauts, tous tes petits larcins ! »

Ma mère a de l'esprit, quoique ne sachant lire,
Ah ! que de beaux romans elle pouvait écrire !
Mais, qu'avez-vous, Monsieur ? vous ne m'écoutez pas !

Mon cousin aime aussi l'éclat de ma parure,
Et mon joli corset, ma charmante figure,
Il sera bon pour nous, nous suivant pas à pas.

UNE FILLE DE BON SENS

Un enfant sans écus, de charmante figure,
Avec cela, cherchait à glaner un mari ;
Aveugles, sourds, muets, de grotesque tournure,
Le grand nombre s'offrait, lui causait du souci.

Sa mère dit un jour : « Nous avons, près d'ici,
« Deux messieurs te voulant, très riches, je t'assure ;
« A l'un manque une jambe, il marche à l'aventure;
« L'autre n'a plus qu'un bras; ils sont beaux, Dieu merci! »

— « Je t'écoute, maman, c'est bien là mon affaire ! »
Sa fille lui répond, « j'ai mauvais caractère,
« Tu sais, papa me bat du soir jusqu'au matin ;

« Puisque je dois choisir... que ce n'est plus mystère;
« Parmi tous ces époux, de beaucoup je préfère
« Qui n'aura, pour frapper, ni le pied ni la main ! »

ANGE OU DÉMON

Amis, vous connaissez la véridique histoire
Et ce qui s'est passé dans Nice ou dans Menton :
Un enfant nouveau-né, vous ne pourrez le croire,
Est venu dans ce monde avec cornes au front !

De la famille en deuil vous jugez du déboire ;
Elle se réunit pour venger son affront ;
Hélas ! c'était son droit, non jamais la mémoire
D'homme ne vit ce fait, semblable rejeton !

O miracle éclatant !... pendant qu'on délibère,
Que l'esprit du mari se trouble de colère,
Sur le dos du bambin la double aile croissait :

Et tout devint facile, on ouvrit la fenêtre,
Et l'Ange ou le Démon parvint à disparaître.
Il était temps, ma foi, car la mère en mourait.

ON N'EST JAMAIS TRAHI
QUE PAR LES SIENS

Un jour, un grand Seigneur, faisant peu de largesses,
Caché dans son château, vivait très à l'écart.
On ne vantait jamais ni ses grosses richesses,
Ni le bonheur non plus qu'il devait au hasard.

Mais un parent l'apprit. Habile et fin renard
A l'affût se tenant, connu par ses prouesses,
Il accourt, aussitôt, prodiguer ses caresses,
Afin de mieux tromper... l'autre le sut trop tard !

Notre riche aimait fort admirer son domaine ;
Quant au noble cousin, il n'y mit point de gêne :
Se croyant possesseur, il ravageait les biens ;

L'arbuste le plus rare et les plus belles choses,
Tout chez lui s'envolait, les fruits avec les roses.
Ah ! quand on est trahi, c'est toujours par les siens !

LA PROMESSE NORMANDE

Allons, viens, mon amie, allons voir cette étoile
Qui brille au firmament dans le ciel radieux,
Le navire en partance et déployant sa voile,
Préparant ses agrès et son refrain joyeux.

Si le vent est trop faible, il grandira sa toile,
Et, beaucoup plus longtemps, il charmera nos yeux,
Balançant son haut mât : ce mouvement dévoile
Grosse langueur au cœur, quand il est amoureux !

On dit qu'il ne faut pas courir après les grèves,
Qu'il est très dangereux d'y promener ses rêves,
Nous n'y serons pas seuls, puisque Dieu nous verra ;

Nous n'y parlerons pas de feu ni de tendresse,
Du zéphir embaumé, de brûlante caresse :
Ton regard sur le mien cela me suffira !

LA RENOMMÉE

Titre gagné n'est pas facile à croire !
La renommée a ses effets changeants :
Que de grands noms méconnus dans l'histoire,
Et que de nains devenus des géants !

On veut l'atteindre et c'est rêve illusoire :
La folle, hélas ! sourit à tous venants
Et, bien souvent, glissent de la mémoire,
Pauvres honteux, ses humbles soupirants.

C'est le rayon qui perce après l'orage
Et disparaît sur le bord du nuage,
Ne laissant plus aucun trait lumineux ;

C'est la pensée et fragile et légère,
De l'amour tendre une ombre passagère,
Un vain désir se perdant dans les cieux.

LE RENDEZ-VOUS

Qu'elle était belle ainsi ! le sourire charmant
Errait avec langueur sur sa lèvre vermeille ;
Fort vite elle marchait, d'une ardeur sans pareille.
Qui pouvait l'attirer, dans son désir brûlant ?

Nous étions au matin et, lorsque tout sommeille,
Voulait-elle écouter le rossignol chantant ?
Contempler au berceau l'insecte qui s'éveille,
Quand il ouvre son aile au caprice du vent ?

Mais non, c'était bien plus ; car, en voyant la porte
De l'asile des morts, son amour la transporte ;
Elle entre, et puis, sortant un bouquet de son sein,

Le met sur une tombe et, pauvre fiancée,
Sous l'ornement de deuil je compris sa pensée,
Quand, surtout, elle eut dit : Je reviendrai demain !

AIMER TROP C'EST MOURIR !

Que je voudrais placer sur ta bouche de rose
Un aussi doux baiser que le parfum des cieux !
Mais comment faire, hélas ! quand, timide, je n'ose
Offenser ta vertu... ce bien si précieux !

Et pourtant je ne vois sur terre aucune chose
Plus charmante à mes yeux que tes yeux langoureux,
Plus belle à ma pensée... alors je me propose
Un unique moyen qui doit me rendre heureux :

En livrant ton image à la nuit de mes rêves,
Je puis bien la presser sans témoins et sans trêves,
La tenant sur mon cœur, jusqu'au dernier soupir !

Je sais qu'au jeu cruel s'abrégera ma vie ;
Mais, à pareil danger quand l'âme est asservie,
On n'a pas d'autre choix : aimer trop c'est mourir !

LE SOMMEIL

Déjà la nuit se fait, la rive est solitaire
Et les derniers rayons ont glissé sur les eaux.
On n'entend que la brise et son vol éphémère
Qui caresse en courant la cime des ormeaux.

Cédant au vague appel entraînant au repos,
D'un instant aussi doux mon corps est tributaire,
Mes yeux se sont fermés, mon âme plus légère,
Reprenant son essor, visite les tombeaux.

Elle aime de la terre explorer la surface,
Adresser sa pensée au fantôme qui passe,
Qui semble s'ajouter à de nouveaux débris :

Quand la mort, qui se joue et qui toujours s'engage
A frapper sans pitié, malgré la force et l'âge,
Ne cherche qu'à peupler le monde des esprits.

LE DESTIN

Avez-vous vu, parfois, ce grave personnage
Se tenant à l'écart, assis sur un rocher,
Regardant, d'un œil sec, au loin poindre l'orage
Ou bien l'écueil béant menaçant le nocher ?

Il est tout près de nous, quand nous plions bagage,
Afin de trouver l'or que nous allons chercher ;
Au moment du danger, il se met du voyage,
Affrontant le péril, toujours prêt à marcher.

Le bel oiseau des bois atteint lorsqu'il voltige !
Et la fleur du vallon, tremblante sur sa tige,
Qui disparaît le soir, en brillant le matin !

Le funèbre convoi conduisant à la tombe
La fille de quinze ans qui tout à coup succombe !
Qui peut régler cela, si ce n'est le Destin ?

LES YEUX SONT PRÈS DU CŒUR

Vous est-il arrivé... c'est fort pénible histoire ;
Vous perdez, bien souvent, vos parents, vos amis ;
Quelquefois, malgré vous, sortis de la mémoire,
Vous ne les retrouvez qu'au silence des nuits !

Mille travaux du jour occupent vos esprits,
Vous voulez y penser, et, c'est facile à croire,
Vous êtes entraîné... même vous tirez gloire
De tant d'objets divers augmentant vos soucis.

Pourtant, si, par hasard, vous découvrez l'image
De celle qui fut chère, elle devient le gage
D'un sentiment fort doux ravivant votre ardeur :

En contemplant ses traits, le bonheur, l'espérance,
Cet amour regretté, cause de la souffrance,
Tout revient à la fois... Les yeux sont près du cœur.

LA CLEF DU CŒUR

Je ne prétends pas trop résoudre ce problème
Qui rend l'âme amoureuse et contient tant d'ardeur,
Qui fait qu'on nous comprend, que parfois on nous aime;
C'est tout un talisman et le secret du cœur !

Que de soins il nous faut, pour avoir ce bonheur,
Obtenir le succès et gouverner soi-même !
Croire à la préférence est un hasard suprême,
Rien n'égale, ici-bas, le charme de l'erreur.

Je sais que, quelquefois, on le dit en silence
Ce mot si doux d'amour... mais la persévérance
A cet aimable aveu ne répond pas toujours :

On se prend, on se quitte et, souvent, la tendresse
N'est que l'effet brûlant d'une simple caresse,
Rêve qui disparaît au souffle des beaux jours !

L'ANGE DES NUITS

Je suis l'Ange des nuits, je profite de l'ombre,
Et sur vos pâles fronts je verse mes pavots ;
Sur vous, pauvres mortels, que le malheur encombre,
Qui comptez par milliers la quantité des maux !

J'accours à votre appel et, quelque soit le nombre
De vos chagrins cuisants, à la ville, aux hameaux,
J'apporte l'élixir, et le regard, moins sombre,
Se ferme tout à coup, malgré de lourds fardeaux.

Quand, courbé près de vous, je sonde la pensée,
Arrachant le tourment de votre âme oppressée,
J'amortis son effet... bientôt vient le sommeil :

Et, lorsque vous dormez, moi je demeure encore ;
Etouffant les vains bruits ou la plainte sonore,
Vous ne me voyez pas, car je fuis au réveil.

CHERCHEZ, VOUS TROUVEREZ !

Cherchez, vous trouverez ! Ah ! bon Dieu ! quel adage !
J'ai rêvé la fortune et vois, à mes côtés,
Le dur poids des hivers et la rigueur de l'âge !
De l'argent, des écus, fort peu me sont restés !

J'espérais des amis ! c'est au bout du voyage,
Que j'en rencontre plus, et mes félicités
Sont pleines d'amertume, au bord du doux breuvage,
Car quelques-uns s'en vont à pas précipités.

Au Ciel j'ai demandé les talents, la science,
Et je ne sens, hélas ! que la sotte ignorance,
Qui, tout en les voilant, écarte leurs bienfaits !

Je suis assez savant, sachant que, dans la vie,
Une importune accourt, dont on n'a nulle envie,
Qui frappe à notre porte et ne manque jamais !

UN MÉDECIN INDISCRET

Un Monsieur inconnu, de conduite sévère,
De son logis sortait et le faisait sans bruit ;
Les voisins demandaient : Quel est donc ce mystère ?
Il quitte sa maison et le jour et la nuit.

Et lui, l'insouciant, s'obstinait à se taire,
Et ce silence aussi chagrinait leur esprit.
Le plus entreprenant prit méthode ordinaire,
Et, sans qu'il en sût rien, un beau soir le suivit.

Il vit bien qu'il allait, au haut d'une mansarde,
Soigner un pauvre vieux, qu'il y montait la garde ;
On s'en doutait un peu, mais, sûr on n'était pas.

Enfin, dit le coupable : « Assez de mes complices,
« Victimes torturant, prolongent leurs supplices.
« Moi, j'aime à me cacher, les aidant au trépas. »

LA JEUNE FILLE, L'HIRONDELLE
ET L'ERMITE

« Où vas-tu si pressée, ô charmante Hirondelle ?
« Remontant vers le nord, ce n'est pas ton chemin !
« Et toi, pauvre Petite, ô chaste Demoiselle,
« Déjà loin du logis, quand il est si matin ! »

— « Dans un endroit fermé, récoltant du bon grain,
« J'ai vu, répond l'Oiseau, là-bas, la tourterelle. »
— « Et moi, très grand monsieur me promettant dentelle,
« Fiançailles, corbeille et beaucoup de butin ! »

— « Toutes deux vous errez ! », leur dit le Solitaire
Qui près de l'ermitage, élevait sa prière,
Tout en veillant encore au sort de ses enfants ;

« La cage est la prison qui ne peut te séduire !
« Et toi, ce beau seigneur ne saura que te nuire,
« En te parlant d'hymen, car tu n'as pas seize ans ! »

LA PLUIE D'OR, OU DANAÉ

L'humanité s'avance et, si le temps progresse,
Pour adoucir les cœurs on n'a rien de nouveau
Que ce que Jupiter offrait, dans sa tendresse,
Sous la forme du cygne ou celle du taureau !

Voici les arguments dont il tenait l'anneau :
Ou richesse ou grandeur, la force ou bien l'adresse !
Pour Danaé, surtout, il étend sa largesse ;
La belle s'attendrit au bruit de son cadeau.

Et le brillant métal, en couvrant d'étincelles
Son beau sein parfumé, bientôt ternit ses ailes.
Hélas ! l'ange n'est plus, acceptant le trésor !

Vous, mondains généreux, n'ayez pas autres choses,
Si vous voulez, un jour, vous faire aimer des roses :
Agissez largement, répandez beaucoup d'or !

LE MAUVAIS TOUR QUE LUCIFER
JOUE A LA TERRE

Je dis la vérité, j'aurais bien ce courage !
La terre, heureuse alors, n'avait que des amours ;
Lucifer le sentit et, jaloux de l'ouvrage,
Voulut semer la nuit et ternir ses beaux jours.

Ne pouvant malgré Dieu l'arrêter dans son cours,
Ni changer son destin... lui témoignant sa rage,
Il l'incline sur l'axe et trouble son voyage,
Car son bonheur réel s'envola pour toujours.

A ce terrible coup gémit le pauvre globe,
La fraternité fuit, l'amitié se dérobe,
Même le sens commun s'en va silencieux !

Honteux de ce malheur, je désire un bon ange
Rétablissant l'aplomb qui bientôt tout arrange ;
Si je ne suis pas là, je le verrai des Cieux.

POURQUOI LA FEMME
EST SI CHANGEANTE

Philosophe savant, je raisonne la cause
Qui fait que le beau sexe est parfois si changeant ;
Pourquoi la femme, hélas ! aussi bien que la rose,
S'agite sur sa tige et se plie à tout vent.

D'abord, pour la fixer, je connais une chose :
Que l'amant soit docile ou le mari galant,
Et qu'ils chassent loin d'eux toute métamorphose,
Ayant le cœur ouvert, le visage charmant.

Mais, non, ce qui la trouble, et ce n'est pas mystère,
C'est la mode souvent qui gouverne la terre,
En bornant son esprit aux vains colifichets.

Je voudrais que la femme eût la même parure,
Une robe sans plis, chapeau sans garniture,
Et jamais ne montra que de simples attraits.

LE DOUBLE MALHEUR

Avez-vous vu, parfois, aux abords de Meilhan [1]
Une femme à l'air bon, pensive et solitaire,
Allant et s'arrêtant... le front penché vers terre,
Très-triste à contempler, assise sur un banc ?

Si vous fixez ses yeux, son regard est constant,
Poursuivant un objet, ne vous occupant guère,
Fuyant, disparaissant... On la dit étrangère,
Atteinte depuis peu d'un malheur fort cuisant.

Espagnole, je crois ; — son mari qui succombe
Appelle son cher fils, qui le suit dans la tombe,
La laissant tout à coup sans appui, sans soutien !

En six mois, double deuil ! ô déplorable chose !
Et vous devez penser qu'un grand besoin s'impose
Aux sentiments flétris... c'est l'amour pour son chien.

[1] Promenade de Marseille.

LE DERNIER HOMME, OU LE PARDON

Le monde est à sa fin... on voit une balance
Qui paraît suspendue à la voûte des cieux.
Il s'agit de peser, dans un morne silence,
Les vertus de la femme au moment des adieux.

Deux êtres sont debout : hélas ! sans espérance ;
De sexe différent ; un ange est tout près d'eux ;
Et le dernier rayon, leur prêtant assistance,
De son pâle reflet vient attrister leurs yeux.

L'homme parle d'abord : « Ah ! me voilà ton maître !
« Que de crimes ici ta mère a fait commettre !
« En acceptant la pomme... as-tu quelque raison ? »

La femme, avec amour, en cherchant dans son âme,
A l'instant réunit un tel amas de flamme,
Que son juge en mourut, accordant le pardon.

TENDRE AVEU D'UNE JEUNE FILLE

« Ma fille ! il faut toujours se garder, sur la terre ;
« Montrer de la raison et défendre son cœur,
« Eviter le danger ; le contact éphémère
« De ce qu'on nomme amour ne fait rien au bonheur.

« L'autre soir, au jardin, ayant la bouche en cœur,
« Ah ! que te disait donc ton cousin le notaire ?
« Il ne te parlait pas d'une très grosse affaire,
« Ni de code, de droit, encor moins de labeur ! »

— « Ma mère, il me contait de merveilleuses choses,
« Me vantait les parfums, les bouquets et les roses,
« Des fleurs qui s'unissaient le charme et les liens ;

« Il paraissait ému, son regard était tendre ;
« En l'écoutant ainsi, je craignais de l'entendre ;
« Quand il levait les yeux, moi je baissais les miens. »

GRAND COMBAT ENTRE LE SOLEIL
ET LA LUNE

Deux astres bienfaisants, utiles à la terre,
L'un pour la réchauffer, l'autre pour l'endormir,
Un jour se disputaient, réclamant leur salaire,
Leur mérite étalant, se vantant à plaisir.

« Pourquoi, tant te hausser ? dit la Lune en colère ;
« Tu brûles les moissons et tu fais tout jaunir,
« Tandis que je répands ma très-blanche lumière :
« On peut me regarder et me voir sans rougir. »

—« Ingrate et fort injuste ! ô ma sœur au teint blême,
« Lui répond le Soleil... ta face de carême
« N'est là que si je verse un peu de ma beauté ? »

Et c'est ainsi de nous, orgueilleux que nous sommes :
Rien n'égale aujourd'hui la vanité des hommes,
Profitant bien souvent d'un éclat emprunté !

UN AFFREUX DÉMON

Faut-il vous raconter une étonnante histoire ?
L'astre des nuits semait son rayon argenté,
Paisible était la mer : sur une roche noire
Un être était assis, paraissant attristé.

Je m'approche de lui. Vous pouvez bien me croire,
C'était un grand démon qui sur l'humanité
Semblait verser des pleurs et repousser la gloire
Que lui donne sur nous son pouvoir détesté.

Ma foi ! j'étais charmé de notre délivrance
Et, le prenant au mot, aussitôt je m'élance,
Pour le féliciter sur son beau repentir :

« *Vade retro !* dit-il. Connais mieux ton affaire :
« Pour tout le mal encor que je voudrais te faire,
« Ces larmes que tu vois sont larmes de plaisir ! »

LE FOU

Un excellent monsieur avait perdu l'usage
De la saine raison, ce don si précieux !
Il se croyait de paille et craignait l'entourage
Qui pouvait tout à coup l'environner de feux !

Les rayons du soleil épouvantaient ses yeux,
Et tout le chagrinait, tout lui portait ombrage :
« Ecartez, mes amis, ce cruel voisinage !
« L'allumette surtout !.. son soufre est dangereux ! »

Ses parents, voyant bien que c'était la folie,
Redoutable fléau qui creuse notre vie,
Cherchèrent l'hôpital pour cet esprit troublé.

Hélas ! plus d'un mari qui possède mégère
L'agaçant très souvent, le mettant en colère,
Voudrait d'un même sort se sentir accablé.

DÉSILLUSION

Sur ton lit, si souffrant, mortel, que voudrais-tu
De cet art tout divin et qui semble te plaire ?
Quand la flamme est éteinte, il vaudrait mieux se taire,
De l'aliment sacré si Pégase est repu ?

De créer de beaux vers tu n'as plus la vertu.
Ce travail est trop fort, hélas ! pour te distraire ;
Lorsque nous sommes vieux, nous avons la prière,
Seul asile ici-bas au chemin parcouru.

Et puis ! tu connais bien le destin de nos songes,
Dans le vide amassés, vérités ou mensonges
Ne laissant après eux qu'une faible saveur ;

Comme le rayon d'or disparaissant dans l'onde,
Bientôt nous ne gardons, des bonheurs de ce monde,
Qu'un reflet passager, le parfum de la fleur.

IDÉES POÉTIQUES

J'aime le tremblement s'emparant de l'ormeau,
Quand la brise odorante agite la nature,
Lorsque le rayon d'or, glissant sur la verdure
Au déclin, vers le soir, se confond au coteau !

Le matin, j'aime aussi le doux chant de l'oiseau,
Quand il joint son cantique au ruisseau qui murmure,
Le bruit près du bosquet, courant à l'aventure,
Annonçant seulement la présence de l'eau.

Ah ! ne me parlez pas de trompette sonore,
Des sons retentissants dont la muse s'honore,
Cherchant à célébrer de très puissantes voix :

De maître Hugo beaucoup encensent le génie,
Mais, plus modeste, moi, j'adore l'harmonie
Qui s'exhale et se perd dans l'épaisseur des bois !

A MARGUERITE ENFANT

Tes jours sont semés d'or, aucun bruit ténébreux
N'arrête ton élan, ne dérange ton aile ;
Tu traverses l'espace, ainsi que l'hirondelle,
Tantôt rasant la terre, ou volant vers les cieux.

Contemplant l'horizon, son éclat radieux,
Ton regard n'aperçoit que sa vive étincelle ;
Loin de toi la pensée entraînant avec elle
Projets ou vains désirs et tous les songes creux.

Hélas ! le temps viendra quand les heures légères,
En voulant te conduire au pays des chimères,
Egareront tes pas dans le chemin trompeur !

Alors tu te diras : Quel était ce vieux sage
Grand-Père bien-aimé, dont le si doux langage
Nous vantait le printemps et la brise et la fleur ?

JE CHANTERAI TOUJOURS

Je chanterai toujours, tant que le rayon calme
Versera sur mon front une douce chaleur ;
Oui, tant que la pensée, illuminant mon âme,
Fera jaillir l'écho de la divine ardeur !

Offerte le matin aux pieds du Créateur,
Ma prière à l'oiseau servira de réclame ;
En lui parlant d'amour, de sourire et de flamme,
Aussi du sentiment qui cause mon bonheur.

Le soir, ce sera mieux, je joindrai mon murmure
A tous les bruits confus récréant la nature :
Soupirs de la vallée ou brises des coteaux ;

Et, bien plus tard encor, quand les nuits seront sombres,
Par des airs inconnus j'irai bercer les ombres
De mes amis en pleurs couchés dans leurs tombeaux.

LA CHARMEUSE

J'ai trouvé dans Paris, comme œuvre de sculpture,
Une femme adorable et toute en marbre blanc,
De grandeur naturelle... et, beau par la peinture,
Un tableau fort vanté, recherché du passant,

Devant ces deux sujets m'arrêtant d'aventure,
Jeune fille je vis captivant un serpent ;
Elle était demi nue, au sein de la verdure,
Aux plis de ce reptile offrait son corps d'enfant !

Et je tremblais pour l'art donnant pareilles choses,
Pour la tête du monstre errant parmi les roses,
Pour le dard enflammé qui me faisait frémir ;

Sans songer qu'ici-bas nous avons la charmeuse
Conservant dans son cœur une flamme douteuse
Et par ses mille attraits sachant nous retenir.

LA PARISIENNE EXCENTRIQUE

Vous m'aimez, je le crois, et c'est facile à dire ;
De ce beau sentiment on ne saurait douter ;
Mais, prouvez-moi, Monsieur, ce généreux délire,
Des Tours de Notre-Dame allez donc vous jeter.

Il doit être fort doux de se précipiter ;
Pour un cœur amoureux c'est un charmant martyre.
Ou du ballon captif... je ne puis rien prescrire ;
D'un zèle trop ardent on doit peu se vanter.

Si vous voulez, pourtant, choisissez la Bastille,
Je le préfère aussi, je suis très bonne fille,
Peut-être ce soir-là serai-je à vos côtés.

Avec soin déguisée et cherchant à vous plaire,
Lorsque vous serez mort, n'ayant pas plus à faire,
Je verserai sans doute une larme à vos pieds.

CRAINTE DU RÉALISME EN PEINTURE

J'aime des horizons les beautés, les splendeurs,
Le rayon du soleil caressant la verdure,
Les ailes du moulin, le ruisseau qui murmure,
Rafraîchissant la vue et calmant nos ardeurs.

Parmi tous les trésors servant à la peinture,
Je fuis le bruit du vent, des vagues les fureurs;
Je préfére le lac où la brise est si pure,
Où la barque se joue au milieu des vapeurs.

Et puis ! au doux foyer, le tableau de famille,
La grand'mère filant, portrait de jeune fille,
Le rêve d'une femme ornent bien un salon.

Je crains le réalisme et son attrait moderne,
Judith tenant en main la tête d'Holopherne,
L'Esclave empoisonné... Supplice de Néron !

L'INSPIRATION POÉTIQUE

Quand Dieu daigna sur moi répandre sa clémence,
Il me donna le ton, des poètes la voix;
Et je n'entendis plus que l'aimable cadence
De l'eau qui murmurait et le soupir des bois.

Eclairant ma pensée et me dictant des lois,
Alors le ciel d'azur me prêtait assistance;
Je chantais les amours et la vague souffrance
De ceux qui fort épris s'enchaînaient à la fois.

Aujourd'hui, je n'ai plus que le sombre nuage,
Le bruit de la tempête, indice de l'orage;
Où rencontrer l'air chaud, la brise et ses douceurs ?

J'aurais voulu, pourtant, conserver l'harmonie
Des suprêmes élans la tendresse infinie;
Et toujours me nourrir de parfums et de fleurs !

AU POÈTE L'EMPIRE DU MONDE

Amis, ne croyez pas qu'étant prudent et sage,
Je rêve pour mes vers un bien beau résultat ;
Pourtant, je me demande, en ce pauvre voyage,
Qui doit briller le plus : Auteur ou Potentat ?

Le héros, je le sais, laisse sur son passage
Du sang et des regrets... la terre en triste état ;
Des jugements aussi le différent langage
Refuse aux souverains la grandeur ou l'éclat !

Mais il est parmi nous un être, dans le monde,
Qui marche en inspiré, que la gloire féconde,
Dont l'étoile scintille au milieu des splendeurs !

Vous avez deviné : c'est lui, l'heureux Poète,
Qui, franchissant l'espace, a couronné sa tête
De tous les saints transports électrisant nos cœurs.

L'HEURE

Constamment avec nous, de nous inséparable,
Nous la voyons marcher, nous entendons sa voix,
Quand, vibrant dans nos cœurs un sentiment durable,
Elle charme l'écho, le silence des bois !

Ecoutez bien ce bruit, l'horloge qui parfois
Annonce d'un ami le retour désirable,
Ce qu'on attend le plus... un bonheur ineffable.
Qu'on a su nous promettre, offrir à notre choix.

Hélas ! lorsque le mal a franchi notre porte,
En invoquant le temps, celui-ci nous apporte
Le bienfaisant remède et change notre sort.

De ce monde ici-bas l'heure est toujours l'amie,
A notre destinée elle paraît unie
Et, lorsque nous mourons, elle-même s'endort.

LES ALLÉES DE MEILHAN

C'était, je me souviens, le moment du mirage,
Été de Saint-Martin, quand le jour est si beau ;
Rendez-vous de Meilhan, lorsque le cher ombrage
Nous couvre de son aile et nous sert de rideau.

Le Ciel était très pur, n'avait aucun nuage;
On se sentait charmé par le riant tableau ;
Le soleil, faiblissant, perçait son entourage,
Pour aller se plonger dans le cristal de l'eau.

Moment du crépuscule et, sur les gros platanes,
Les feuilles s'animaient, les formes diaphanes
Des oiseaux si légers se mêlaient aux concerts :

On entendait leurs chants, cette douce prière,
Qu'ils adressent, le soir, à la pâle lumière,
Qui lorsque le jour s'éteint au haut des arbres verts.

L'HOSANNA UNIVERSEL

Le puissant hosanna s'étend sur l'univers ;
En louant le vrai Dieu qu'on adore et qu'on aime,
Pour célébrer son nom, sa majesté suprême,
Les anges descendus ont mêlé leurs concerts.

Le monde est agité, les poissons dans les mers,
L'oiseau dans le bocage, ou volant dans la plaine,
La brise qui soupire et retient son haleine,
Afin de mieux goûter tous ses bienfaits divers !

C'est plus — l'insecte ailé, caché sous la verdure,
Ajoute son transport au ruisseau qui murmure ;
L'abeille, en bourdonnant, se penche sur la fleur :

L'homme seul, ici-bas, rebelle à toute ivresse,
Méconnaît les trésors d'éternelle tendresse
En repoussant l'encens offert au Créateur.

LA VOIX DE L'ANGE

En approchant du but, moins je ressens d'effroi ;
Pour l'esprit éclairé la mort est peu de chose,
Car l'Ange, à mon chevet qui doucement se pose,
Elève ma pensée et détruit mon émoi.

« Je n'ai qu'un mot à dire et j'allume ta foi,
« Écoute et réfléchis : le règlement s'impose,
« Sur le temps, la distance, ici-bas tout repose ;
« Bientôt tu n'auras plus à subir cette loi.

« En recevant du Ciel la dernière caresse,
« Il n'est pas de danger, pas de vaine promesse,
« Plus de jours, plus de mois... toujours l'Eternité !

« Et puis songe à ton âme : — en parcourant l'espace,
« Plus de frein qui l'arrête, ou la gêne ou la lasse,
« Pour elle un seul trajet et c'est l'Immensité ! »

LES DEUX AMOUREUX

Près d'un simple ruisseau dont le chaste murmure
Retenait la pensée et contenait le cœur,
Tous deux étaient assis ; leur charmante figure
Se reflétait dans l'eau, causait tout leur bonheur.

Vous répéter leurs noms nuirait à l'aventure,
Ce serait trahison, ce serait impudeur :
L'oiseau dit-il le sien à la tendre verdure,
Quand dans l'herbe il se joue et sourit à la fleur ?

Contentez-vous de croire à leur si doux langage,
Lorsqu'ils serraient leurs mains, contemplant leur image ;
Agir à ciel ouvert n'offense jamais Dieu !

Mais, au bosquet voisin d'entrer ils n'avaient garde,
Sachant bien que Satan peut y monter la garde,
Et qu'on court des dangers dans un trop sombre lieu.

LE BONHEUR DANS UN SONGE

Pourquoi te tourmenter ? n'as-tu donc pas le songe
Plus suave et plus doux que la réalité ?
Tu le sais, ici-bas tout nous semble mensonge,
Déception amère ou projet avorté !

Souvent, pour éviter la douleur qui le ronge,
Le malade s'endort, retrouve sa santé :
C'est ainsi de l'amour, quand le mal se prolonge :
Il nous faut du sommeil le talisman vanté.

Tes yeux se sont fermés... sous la forme légère
Le bel ange apparaît, la femme qui t'est chère
Approche de ton lit, une fleur à la main ;

Et, s'inclinant vers toi, soudain elle dépose
Un baiser sur ton front... son doux parfum de rose
Te transporte et t'enivre, hélas ! jusqu'au matin.

LA RÉPONSE D'UN ESPRIT

« Arrête près de moi, contente mon désir,
« Esprit qui me fus cher, qui traverses l'espace
« Comme un souffle léger qui caresse et qui passe !
« Sur cette terre, ami, je veux te retenir.

« Peux-tu sentir la joie, éprouver le plaisir
« Dans le vaste horizon ne laissant pas de trace ?
« Ici, je me souviens, quand tu comptais ta place,
« Toujours tu convoitais le brillant avenir. »

— « Oh non ! j'ai bien assez goûté de ce bas monde
« Où la tendresse fuit, où la gloire inféconde
« Promet tant de trésors, assure le néant.

« Si tu pouvais me voir au nombre des archanges,
« Dans mon vol éthéré, suivi de tous les anges,
« Tu bénirais mon sort et mon bonheur constant. »

LE MAL DU PAYS

Comme elle est triste, hélas ! Sur son banc isolée,
L'enfant voile son front et cache un long soupir,
Vis-à-vis le platane, dans la grande allée
Qui fait rêver d'amour, de joie et de plaisir.

Pense-t-elle à sa mère, au fragile avenir,
Contemplant d'un tombeau le pauvre mausolée ?
Ou déjà de l'hymen l'espérance envolée
A-t-elle dans son cœur gravé le repentir ?

Mais, non, car sa jeune âme ignore la tendresse :
Pas le moindre baiser, pas la moindre caresse
N'ont tracé sur sa joue un redoutable effet !

Et, pourtant, un feu sombre et plus cruel encore,
Un mal désespéré la mine et la dévore,
C'est celui du pays, révélant son secret.

LE VERRE D'EAU

Donnez au malheureux qui soupire et qui prie
Et qui va dans la rue en mendiant son pain ;
Du peu que nous faisons jamais rien ne s'oublie,
Soit acte de la veille, œuvre du lendemain !

Lorsque nos jours brillants sont fixés au déclin ;
Oui, quand nous atteignons au terme de la vie,
On mesure avec soin toute chose accomplie
En soulageant la peine ou changeant le destin.

Alors, le moindre poids emporte la balance,
Pour l'éternel séjour trace la récompense ;
Au moment du salut, c'est le gain précieux !

Dieu lui-même le dit et tiendra sa promesse :
A tout cœur charitable il offre la richesse,
Au simple verre d'eau le paradis des Cieux.

LA CHARITÉ

SOUS LA FORME DE Mme BAUDOUÏN-GOUNELLE

Pour que son nom fameux soit à jamais vanté,
Au favori des arts il faut un grand modèle :
Moïse a Michel-Ange, et Vénus Praxitèle ;
Tous quatre sont inscrits pour la postérité !

Il est vrai, je pourrais célébrer ta beauté,
Dans mon enthousiasme, à ma muse fidèle ;
Un intérêt plus cher vient réclamer mon zèle,
Mon cœur a prononcé le mot de charité !

Je sais combien de pleurs tu sèches sur ta route,
Et le jour et la nuit... le pauvre qui t'écoute
Dans ton vol matinal croit voir un Dieu sauveur !

Ne l'es-tu pas aussi ? — céleste providence !...
Toi qui verses l'obole et donnes l'espérance,
Qui, sous ton or discret, vas calmer la douleur !

L'AMOUR DIVIN

C'est bien l'amour divin qui dirige le monde,
Dans l'espace infini réglant chaque élément ;
Sans lui que deviendraient le ciel, la terre et l'onde,
Au vide abandonnés, s'inclinant au néant ?

Nous ne le voyons pas, son souffle nous inonde,
Enrichit nos guérets et borne l'Océan ;
Nous goûtons sa tendresse, et l'heure et la seconde
Font sentir les effets d'un appui bienveillant !

Et ce n'est pas toujours dans le bruit des tempêtes,
Au redoutable éclair qui sillonne nos têtes,
Qu'il montre son pouvoir, lorsque nous l'implorons :

Il est dans la pensée où renaît l'espérance,
Dans le baume sacré qui tarit la souffrance,
Surtout dans notre espoir, quand tristes nous mourons.

L'ORAGE

« Enfant, écoute bien : n'entends-tu pas l'orage,
Le bruit retentissant qui s'attache aux échos?
Regarde ; c'est le vent qui trouble le rivage ;
Ma fille, c'est la mort triste auteur de nos maux !

« Ton père est attardé sous les sombres rideaux ;
Un noir pressentiment de mon sein se dégage :
Vois la vague grandir ! jamais pareil tapage
Au pied de nos rochers ne fit monter les eaux ! »

Et la mère pleurait et sa fille, attendrie,
Ignorant, jeune encor, les malheurs de la vie,
Tremblante se cachait, se pressait sur son cœur.

Pourtant l'éclair jaillit et, bientôt, vers la rive,
La barque on aperçoit qui librement arrive,
L'époux la dirigeait en vrai triomphateur.

L'OBSCURITÉ

De ce monde-ici bas j'ai chanté la merveille,
Semant à l'horizon la divine splendeur !
Hélas ! la nuit s'est faite, une erreur sans pareille
Confond notre raison, attriste notre cœur.

J'ai cru lire l'amour sur la bouche vermeille,
Et ce n'était alors que le rire moqueur :
Le rang, les dignités et l'éclat de la veille,
Bientôt évanouis, se couvrent de pâleur.

Et que de mal aussi dans le siècle où nous sommes,
Pour solde du passé ! les vains projets des hommes
Vont se perdre en fumée, ornement du tombeau !

Aujourd'hui plus de foi, de douce tolérance,
Le marasme partout repousse l'espérance,
Rien ne vient annoncer le céleste flambeau !

LA JEUNE FILLE MOURANTE

Elle allait succomber à sa longue souffrance,
Rien ne pouvait calmer le mal qui la minait.
Sur son lit accablée... une heure d'espérance
Ah ! que ce temps est court, quand la vie est un trait !

Sa mère, en la quittant au jour de sa naissance,
Au ciel était montée... elle se résignait
A la suivre à son tour ; lui prêtant assistance,
Sa main pâle à sa lèvre élevait un portrait.

Hélas ! c'était celui d'un ami, d'un bon frère
Promis à son amour dans l'avenir prospère,
Qui servait à l'armée et ne revenait pas !

Et son regard éteint le contemplait encore,
Augmentait son tourment ; la fièvre qui dévore,
Par un double danger activait son trépas.

SOLEIL ET TEMPÊTES

Sommes-nous sur la mer, les flots sont agités,
Le vaisseau tremble aussi sous le poids de l'orage,
Mais le soleil paraît, ranime le courage,
Dissipe la pâleur sur les fronts attristés.

Lorsque nous recherchons tant de prospérités,
Nous avons même sort dans notre court voyage ;
La tempête du cœur, qui sème le ravage,
Remplace quelquefois les divines clartés !

Et nous allons toujours, et puissance et richesses
Nous bercent bien souvent de leurs vaines promesses,
Quand l'amoureux désir nous retient sous ses lois :

Nous obtenons fort peu, c'est là notre souffrance,
Comme, au lit du malade, on voit fuir l'espérance,
Le rêve qui s'envole ou glisse sous les doigts !

FRÈRE ET SŒUR

Enfant du même père, énorme différence,
L'une, dame accomplie, a le sort le meilleur,
L'autre va malheureux, courbé par la souffrance,
Et le dur poids des ans a ramolli son cœur.

Quand vous le rencontrez, il vous fait doléance,
On peut lire à son front le signe précurseur
D'un bien prochain trépas, sans la moindre assistance
De l'ancienne compagne aimée et tendre sœur !

Aussi, supportant mal les douleurs de la vie
Et tout le noir chagrin qui la tient asservie,
Il redoute la mort, n'ayant aucun soutien :

Très souvent il se dit, de l'air le plus morose :
« Si d'être près parents rapportait quelque chose !
« Mais, non, fatal espoir ! cela ne donne rien ! »

LA CHUTE D'UNE FLEUR

Lise je vis, un soir, joyeuse et solitaire,
Assise sur un banc, effeuillant une fleur;
Ses yeux bleus, noblement détachés de la terre,
En contemplant le ciel, y puisaient le bonheur!

Son espoir rayonnait à l'agréable odeur.
Pour son âme, à l'instant, oh! rien n'était mystère;
Le parfum, se mêlant à la brise légère,
Etait le doux plaisir qui glissait dans son cœur.

D'où vient que tout à coup se trouble sa pensée,
Que sur son front d'azur la joie est effacée?
Faut-il croire à l'abeille, au danger menaçant?

Mais, non; plus que cela, bien plus terrible chose
A fait trembler sa main d'où s'échappe la rose:
Le jardin s'est ouvert.... ce n'est pas son amant!

LA FUREUR JALOUSE D'OTHELLO

Avez-vous entendu la voix dure et sonore,
L'éclat de la tempête et son bruit solennel ?
Aperçu le canon, qui fait frémir encore,
Annonçant le trépas dans son sanglant appel ?

Avez-vous du cratère, où la flamme dévore,
Ecouté les soupirs et le glas éternel ?
Suivi dans l'océan le flot qui se colore
Des teintes de la foudre et menace le ciel ?

Au bois, avez-vous vu les yeux de la panthère,
Les longs plis du serpent qui rampe vers la terre,
Le lion qui rugit et glace de terreur ?

Non ! tout cela n'est rien auprès de ma furie !
L'univers finirait, que sa lente agonie
Ne pourrait effacer le trouble de mon cœur !

BRUNE OU BLONDE

Décide toi, mon fils, il faut bien en finir !
A quoi sert la couleur aux nœuds du mariage ?
Brune et blonde, on le sait, pour entrer en ménage,
Offrent le même attrait et le même plaisir.

Anglaise vaporeuse, évoquant le soupir,
Tu me le dis que la blonde a plus charmant langage ;
Mais la brune, surtout, possède en apanage
L'éloquence du cœur et l'ardeur du désir !

Si la blonde pour nous est semblable à l'aurore
Allumant le flambeau, le rayon qui colore
Le beau ciel empourpré nous donnant tant d'espoir !

La brune peut, aussi, surprenante merveille,
Etaler ses cheveux, richesse sans pareille
Qui fait rêver d'amour et de baisers, le soir !

LE CÉLIBATAIRE

Un jeune homme très fier, ayant grosse fortune,
Voulant se marier, était dans l'embarras,
Ne savait que choisir de la blonde et la brune
Qui se tournaient vers lui... Du cœur il faisait cas.

« Si j'allais trépasser, qu'adviendrait-il, hélas ? »
Leur dit-il tout à coup ; ô demande importune !
— « J'irai, tous les matins, aussitôt répond l'une,
« Sur la tombe prier, pleurer votre trépas ! »

L'autre, qui de tromper n'avait pas grande envie,
Ajoute sottement : « Et moi, dans la prairie,
« J'attendrais mon cousin qui m'adore toujours. »

— « Trop ! et beaucoup trop peu ! » fait le célibataire.
« De m'engager encore ce n'est pas nécessaire. »
Et la page il tourna sur ses tendres amours.

FILLE ET FEMME

Remarquez-vous la fleur qui parfois se balance
Sur sa tige élevée, et belle de fraicheur?
Elle a pour aliment le soleil, l'espérance,
Le zéphir qui l'enchante et double son ardeur!

Et, malgré tous vos soins, malgré l'abri du cœur,
Ah! si vous la coupez, la tristesse commence ;
Un froid très rigoureux indique sa souffrance :
On la voit se flétrir, se couvrir de pâleur!

Ainsi de vous, enfants, quand la métamorphose
De l'hymen a brisé votre beau teint de rose
Ou détruit le secret vous unissant aux cieux :

Votre bonheur s'en va, perdu sur cette rive
De la joie attendue, et le malheur arrive
Avec le sceptre d'or, le désir amoureux.

LE PASSÉ

Pourquoi l'illusion dont notre esprit s'empare ?
Demander au passé ses charmes, ses attraits,
Quand il n'est plus pour nous qu'une page bizarre
De plaisirs effacés, de brillants feux follets !

Vous croyez le tenir, alors il n'est pas rare
Qu'il échappe soudain, dérobant tous ses traits,
Dans le vaste horizon où la raison s'égare,
Où jadis le bonheur répandait ses bienfaits !

En vain nous recherchons l'ardeur et le sourire
De l'objet adoré : pour le cœur qui soupire,
Le fantôme se voile ou ne reparaît pas !

Trop de temps sans le voir, son gracieux visage,
Comme un vague inconnu se perd dans le nuage
Et l'ombre seulement vient glisser sous nos pas.

CAPRICE D'UNE MALADE

Au chevet de ce lit où je sens la souffrance,
Ma mère, je te prie, apporte quelques fleurs ;
Je puis les respirer : leurs brillantes couleurs
Rappelleront surtout les jours de mon enfance !

Sans doute c'est caprice et peut-être une offense ;
Pour Dieu qui sait calmer les plus vives douleurs,
Il faudrait plus d'amour, et plus de repentance
Au suprême moment réservé pour nos pleurs !

On m'a dit si souvent qu'ici-bas tout s'efface
Dans le froid du tombeau, que notre corps se glace
Lorsque l'âme s'envole à l'immortalité,

Que je veux voir flétrir les lilas et les roses,
Etudier comment ces ravissantes choses
Perdent leur doux parfum, leur éclat, leur beauté !

LE FACHEUX PRONOSTIC

Aujourd'hui tu voudrais et l'ombre et le silence,
Eviter des clartés les divines splendeurs !
On dirait que ton cœur repousse l'espérance,
Du printemps ne sent plus le charme et les douceurs.

L'aiguille qui berçait tes rêves si trompeurs,
Qui te charmait toujours par sa douce cadence,
Tu crains trop de l'entendre... et l'heure qui s'avance
Semble te présager un désastre ou des pleurs !

Pourtant tu n'atteins pas la limite de l'âge !
Ami, rien ne devrait affaiblir ton courage,
Sous des pas chancelants te faire trébucher ;

Songe à la résistance, obstacle du vieux chêne
Qu'on veut déraciner, qui donne tant de peine !
Que d'efforts il nous faut pour pouvoir l'arracher !

L'ARABE A SON COURSIER

J'aime, ô gentil coursier, ton épaisse crinière,
Quand son brillant fil d'or se joue au gré du vent ;
J'aime tes jarrets fins et ta pose si fière,
De tes membres nerveux le contour élégant.

Ce qui me plaît encor, c'est ton ardeur guerrière
Quand, le corps agité d'un long frémissement,
Tu ralentis ton vol, pour franchir la barrière
Ou mesurer d'un bond la largeur du torrent.

Mais, mon fils, tu le sais, enfant de noble race,
Que je puis retenir ou presser ton audace,
Modérer les transports de ton courage altier ;

Tu sais que si jamais ma parole était vaine,
Ta blanche écume irait au buisson de la plaine ;
Ton beau sang rougirait ton joli mors d'acier.

LE DERNIER ABRI

Regardez ce vaisseau reposant au rivage,
Attendant sans effroi le fer démolisseur;
Il a bravé le temps, il a bravé l'orage
Et ne redoute pas le pouvoir destructeur.

Le flot qui vient encor rappelle sa valeur,
Et le vent qu'il entend n'est plus que le mirage
Des dangers d'autrefois... quand, voyant le nuage,
Il implorait du Ciel le secours protecteur !

Et c'est ainsi de nous : — sous la brillante étoile,
Lorsque nous arrivons repliant notre voile ;
Tournés vers le passé, nous avons même sort.

Après avoir franchi le dur cap des tempêtes
Et les nombreux écueils qui menacent nos têtes,
Nous trouvons notre abri... mais l'abri c'est la mort !

L'AMOUR REPOUSSÉ

Avant très peu de jours terminant ce voyage,
Dans un monde inconnu promenant mon ennui,
Ta pensée et ton nom, le terrible breuvage
Disparaîtront bientôt... je serai sans souci !

Et, pourtant, tu pouvais m'abriter de l'orage
Et, seule sous ton toit, me répéter merci :
Merci pour mon bon cœur, merci pour mon courage !
Tu ne l'as pas voulu... tu n'aimais qu'à demi !

Lorsque je m'approchais admirant ta figure
Et posant sur ton front une caresse pure,
Toujours tu t'éloignais... Adieu, projets charmants!

Peut-être, et je le crois... dans d'épaisses ténèbres,
Quand ce sera ton tour pour les instants funèbres,
Tu me regretteras !... il ne sera plus temps !!!

UN VOLEUR QU'ON NE PEUT ÉVITER

Toujours il me suivait et son œil scrutateur
Cherchait avec espoir mon modeste bagage,
Pour y puiser sans cesse, et, dans chaque voyage,
Il prenait un objet et me causait frayeur.

D'abord, il déroba les plaisirs du jeune âge,
Les songes merveilleux qui réjouissaient mon cœur,
Et maintenant, cruel, après l'affreux naufrage,
Il me poursuit encor de son rire moqueur.

Un jour, je l'aperçus, c'était près d'une grève,
Sur un gros rocher noir il m'apparut en rêve,
Et, me voyant passer, tels furent ses accents :

« Homme, que prétends-tu ? quelle est ton espérance
« En voulant m'éviter ?... contemple ma présence :
« Tu n'es que vil atome et moi je suis le Temps ! »

L'ESPRIT TRANQUILLE

Pourquoi toujours parler du principe et des causes
Qui font que tout est mal dans ce vaste univers ?
Redouter les dangers quand tant de belles choses
Redonnent l'équilibre à qui va de travers ?

Pour moi qui me complais aux célestes concerts,
A la brise embaumée, aux fleurs qui sont écloses ;
Je distingue l'épine et ne prends que les roses,
Etoiles d'espérance et de bienfaits divers !

Hélas ! que de discours sont passés d'âge en âge,
Prédisant notre fin et le terrible orage,
Mettant en feu la mer, ou soulevant les flots !

Quand nous croyons toucher au grand cap des tempêtes,
Un doux rayon d'amour se glisse sur nos têtes
Et tout nous apparaît dans les jours les plus beaux.

UN AMI REGRETTÉ

J'ai rencontré jadis un compagnon parfait,
D'un esprit recueilli, d'une humeur très-sortable,
S'il était invité devenant fort aimable,
Sans vergogne acceptant tout ce qu'on lui donnait !

Pas de fin calembour ni de mot indiscret ;
Philosophe accompli, de sagesse agréable,
Il était le premier et le dernier à table,
Mangeait avec méthode et jamais ne parlait !

On avait fait pour lui la célèbre sentence
Des sots si redoutés et couvrant la science :
La parole est d'argent et le silence est d'or !

Hélas ! je vois d'ici son austère figure
Et sa barbe au menton, l'aspect de sa fourrure :
Car c'était... un gros chat que l'on regrette encor !

LE TEMPS

Ne vous effrayez pas ! ce n'est pas de bataille
Dont je veux vous parler, ni canons, ni soldats,
De bruit retentissant, de sanglante mitraille :
Hélas ! je suis trop vieux pour vanter les combats !

Regardez devant vous cet homme à haute taille,
Qui nous suit en tous lieux, qui précède nos pas,
Hardiment chevauchant, tenant terrible maille,
Accueillant du même air la vie et le trépas !

C'est notre ami le Temps. — Du couchant à l'aurore
Lorsque nous sommeillons, quand le jour brille encore,
Il est tout près de nous, nous guidant en chemin.

De chaque heure qui passe indiquant la minute,
D'un air fort nonchalant il prédit notre chute :
Si ce n'est aujourd'hui, ce sera pour demain !

ORGUEIL DE L'HOMME

« La femme ne doit pas tirer grand avantage
De sa création, en faire vanité ;
La *Genèse* le dit : Dieu donna son image
A l'homme qu'il dota de grâce et majesté.

« Elle ne vint qu'après, eut un charmant visage,
Chef-d'œuvre, je veux bien, de douceur, de beauté ;
C'était fort nécessaire en pratique, en usage ;
De nous elle assurait joie et félicité !

« Calculons maintenant : Dieu marche avant les Anges.
Quand Eve aurait reçu les traits de mille Archanges,
Elle eût baissé de ton, ainsi le veut la loi.

« Je ne marchande pas, la comparant aux roses,
Aux trésors de la terre, aux merveilleuses choses ;
Mais, c'est aller trop loin de l'égaler à moi !!! »

PREMIÈRES MÉCHANCETÉS DES FILS D'ADAM

Quand Dieu créa le monde il eut projet très-sage,
En semant sur la terre un immense bienfait :
L'homme posséda tout, pour entrer en ménage,
Et l'ombre et la chaleur, un vêtement complet ;

Mais il devint méchant, lança bientôt un trait
Contre le bel oiseau chantant dans le bocage.
Ce dernier, fort surpris, cessa son doux ramage,
Ne comprenant pas trop le mal qu'on lui voulait.

Ah ! c'était cruauté !!! Poursuivant autre chose,
Le joli papillon, qui butinait la rose,
Vit ses jours en danger... heureux, il s'envola.

Après ces attentats, l'âne se mit à braire,
Le serpent effrayé glissa dans la bruyère,
Et la gent animale aussitôt s'exila.

LA VOIX D'UNE MÈRE

Tout s'anime ici-bas : la fleur a son langage ;
L'air embaumé du soir provoque nos soupirs ;
La cloche, qui résonne au sein de l'ermitage,
Réveille les échos, nos plus chers souvenirs !

Des oiseaux vers le Ciel comprenant le ramage,
Le rossignol plaintif évoque nos désirs ;
Le vent, quand il n'est pas précurseur de l'orage,
Agite la pensée et promet les plaisirs !

Ce qui nous plait, surtout, et séduit notre oreille
Ce sont les mots charmants d'une bouche vermeille
Nous parlant à la fois d'espérance et d'amours :

Mais, plus puissante encore est la voix d'une mère
Nous tenant sur son sein, nous faisant la prière
De ne pas l'oublier et de l'aimer toujours !

INJUSTICE A L'ÉGARD DU DESTIN

« Ah ! quel mal tu sais faire, implacable Destin !
Tu flétris la beauté, tu ternis la jeunesse,
Et celui qui se fie à ta triste caresse
Se voit abandonné !... tu retires ta main.

« Hélas ! que de dangers pour la pauvre vieillesse
Qui n'a plus d'espérance et qui sent son déclin !
Tu la flattes longtemps et, malgré ta promesse,
Sa dernière heure arrive et son dernier matin ! »

— « Ami, vous vous trompez : je suis bien autre chose
Que la cruelle Mort.. Si j'emporte la rose,
Plus forte que ma sœur, je vous mets en renom !

« Que d'êtres inconnus j'ai gardés pour l'histoire,
Me devant leur triomphe, environnés de gloire
Et par acte authentique inscrits au Panthéon ! »

LE DERNIER VŒU D'UNE MOURANTE

Allons, je vais partir... j'affronte le voyage,
Plus calme et résignée et soumise au destin ;
Mais, mourir à vingt ans comme il faut du courage,
Ami, ne t'en va pas et rapproche ta main.

Que je sente l'anneau, cet auguste présage
Du bonheur tant promis, hélas sans lendemain !
Garde-le bien longtemps avec ma douce image ;
Son contact amoureux brisera ton chagrin.

Et si, dans quelques jours, arrive l'hirondelle
Heureuse et vagabonde et pressant de son aile
Les bois, les prés fleuris où j'accourais vers toi :

Ne la repousse pas : fidèle messagère,
Sur l'ormeau s'arrêtant dans sa course légère,
Son petit cri plaintif te parlera de moi !

LE VOYAGE DES ANGES

Ami, ne sens-tu pas le parfum de la terre,
Quand la brise odorante excitait notre ardeur ?
Que ce globe est petit !... dans les flots de lumière
Il disparaît bientôt en fumée, en vapeur !

Et, pourtant, nous aimions, échauffant notre cœur,
Ce qu'on appelle amour, ce transport éphémère !
Quand, s'emparant de nous, sa flamme passagère
Des sentiments divins relevait la splendeur !

Maintenant, dans l'éther, chaque brillante étoile
Que nous rasons ensemble, à nos regards dévoile
Des plaisirs inconnus le charme et le secret ;

Et l'infini nous reste ! En parcourant l'espace,
Des sublimes beautés le tourbillon qui passe
Sur nous répand son baume et son bonheur parfait !

LES DEUX VIEUX DU PLATANE

Ils étaient tous les deux ne rêvant que bataille,
Méprisant le présent comme étant trop petit,
Vantant du temps passé la longue funéraille,
Et déplorant la paix pour eux en discrédit.

Le plus vieux, cheveux blancs, moustache à haute taille,
Voyait avec aigreur son imprudent ami ;
Car le second Empire était « un rien qui vaille »,
Auprès des durs combats dont on reste ébloui !

Quand on approchait d'eux, c'était guerre à outrance,
On ne pouvait jamais établir de balance
Entre tous leurs discours où brillaient tant de feux :

Le premier, déjà mort, reposant dans la tombe,
Attend patiemment que le second succombe,
Pour reprendre la lutte au paradis des Cieux !

SOUVENIR DE LEUR PROMENADE
DU DIMANCHE

Nous allions tous les deux, souvent en Cannebière,
Devisant des amours, des rêves d'autrefois,
Unis par sympathie et l'amitié sincère,
Vantant tous nos succès, haussant un peu la voix !

Et pour ce qui venait nous n'avions aucun choix ;
Privés de nos beaux yeux qui nous servaient, naguère,
A charmer la fillette... On ne contente guère,
A soixante ans passés ! plus de chance et d'exploits !

Cependant, en songeant tout à coup au grand âge
De celui sous mon bras opérant le voyage ;
Je savais qu'il portait au moins vingt ans de plus :

Quatre-vingt-huit, hélas ! pour sûr, c'est quelque chose !
Mais alors j'étais jeune et bien fait pour la rose !
Et, devenant gaillard, je prenais le dessus !

L'AMOUR A SOIXANTE ANS

PITEUSE MINE !

Que de projets déçus sont perdus dans le monde !
Sans un bonheur durable, ayant un triste sort,
L'un chérit une brune, et l'autre c'est la blonde
A laquelle il adresse et vœux et doux transport !

Aspirant au plaisir, recherchant le plus fort,
On atteint rarement où le trésor abonde.
Ah ! que de fois aussi l'espérance inféconde
A chaviré la barque en arrivant au port !

Aujourd'hui je le vois, et ma vive tendresse
Me force à regretter les jours de ma jeunesse,
Car, pour parler amour, il n'est déjà plus temps :

Le feu se ralentit ; achevant la carrière,
Plus de cœur à donner ! l'éclat de la chaumière,
Disparaît au regard avec le poids des ans.

FIDÉLITÉ ENVERS LA MUSE

Je suis vraiment fâché de ma persévérance !
Le regard affaibli, plus de cheveux au vent !
Mais comment arrêter le gros flot qui s'avance ?
Qui peut être bien sûr de fixer le torrent ?

Perle des rêves d'or ! Princesse d'Orient !
N'êtes-vous plus pour moi l'étoile d'espérance !
On ne me plaindra pas de ma vive constance,
En contemplant vos yeux, ô Muse, en vous voyant !

Et puis, nous saurons bien affronter le nuage,
Nous aimer sans détour et sans craindre l'orage.
Pour cet étrange amour qui survit au trépas !

En allant nous baigner dans les flots d'harmonie,
Vers les cieux éthérés où s'endort le génie,
Nous ferons des jaloux, ils ne nous suivront pas !

LA MORT DE SOCRATE

Autour de lui rangés, ses disciples si chers,
Le cœur très-anxieux, écoutaient sa parole ;
Lui seul les rassurait... sa voix, qui les console,
Explique les secrets de ce vaste univers :

L'immuable destin, les changements divers,
Le corps qui se dissout et l'âme qui s'envole,
Dans l'espace infini recommençant son rôle,
Prenant sa large part des célestes concerts !

« Amis, ne craignez pas ; tout renaît dans la vie,
« Rien ne se perd jamais, notre fin est suivie
« D'existence nouvelle offrant plus heureux sort. »

Ses yeux demi fermés voyaient le doux mirage,
L'étoile à l'Orient qui perçait le nuage,
La divine clarté survivant à la mort [1] !

[1] Socrate avait pressenti le Messie.

AU PEINTRE GERVEX

Sur son tableau de Rolla

———

Gervex ! tu pouvais bien contenter tout le monde
Et forcer d'admirer ton superbe tableau :
Semblable à Raphaël, dont la gloire est féconde,
Qui montre la beauté sous l'aspect le plus beau !

La présence de l'homme affaiblit ton pinceau.
Dans ce temps nébuleux le réalisme abonde :
Pour l'enfant endormie, aussi chaste que l'onde,
Il fallait son sourire et pas le moindre anneau.

Toujours la contemplant, chacun de nous l'adore,
On voudrait la quitter, mais on revient encore,
Car jamais on ne vit rêve aussi gracieux :

Mortel, je ne crois pas qu'aux pays des Archanges,
Dans les lieux fortunés où se trouvent les Anges
Modèle plus parfait se montre dans les Cieux !

A MONSIEUR ET MADAME TOURNY

PEINTRES D'AQUARELLES

Nous dessinons tous trois, mais plus brillante gloire
Honore vos travaux, vous couvre de faveur.
Vous possédez si bien, on ne saurait le croire,
Des maîtres les secrets, leur divine couleur !

Par l'habile aquarelle, en livrant à l'histoire
Des peintres du passé le génie et l'ardeur,
Vous aurez mêmes droits au temple de mémoire,
La couronne immortelle ayant même valeur.

Je voudrais vous citer, pour grandir mon langage,
Raphaël et Rubens ! leur magnifique ouvrage,
Leurs chefs-d'œuvre nombreux sont donnés traits pour
[traits ;

Et de tant de beautés vous ornez votre toile,
Qu'on a peine à vous suivre au grand art qui dévoile
Italiens, Flamands, Espagnols et Français.

HOMMAGE A M. L'ABBÉ AOUST

Professeur à la Faculté des sciences

Ébloui par l'éclat de l'ardente lumière
Qui brûle mes regards, que je n'aperçois pas,
J'ai souvent envié votre savoir austère
Guidant votre raison et dirigeant vos pas !

Les secrets conduisant de la vie au trépas,
Vous les connaissez tous ! Pour vous rien n'est mystère !
Les nombreux éléments et le poids de la Terre,
Ce qui paraît sublime et que j'ignore, hélas !

La grande astronomie analysant les mondes,
Du calcul intégral les vérités profondes,
Pour votre esprit subtil, tout cela n'est qu'un jeu !

Ce qui me plaît encor : — votre noble espérance,
La vérité, la foi, fruits de persévérance,
Rayons tombés du Ciel et remontant à Dieu !

DEUXIÈME SONNET
AU SAVANT PROFESSEUR

Vous m'avez demandé quelque nouveau sonnet ;
Ce vœu de votre part tout aussitôt m'inspire;
Où puis-je mieux trouver, pour accorder ma lyre,
Que ce désir si cher et ce noble souhait ?

Avec vous, je n'ai plus qu'un ouvrage parfait,
Votre sagesse aussi sait calmer mon délire;
En présence de Dieu, seul charme et seul empire,
Mon chant prédestiné produira son effet.

On dit que vers le soir, vous livrez à l'espace
Votre savant regard... que rien de ce qui passe
Ne trouble votre foi ni l'ardeur de vos feux ;

Et que souvent, alors, vous entendez les Anges
Planant autour de vous, immortelles phalanges,
Joignant leur harmonie à la beauté des cieux !

REMERCIEMENT A UNE LETTRE

DE M. L'ABBÉ AOUST

A mes pieds, vous savant, vous posez la couronne ;
Comment la ramasser ? nouvel Anacréon !
Au souffle du mistral déjà mon corps frissonne !
Je ne puis me baisser et crains fort l'aquilon !

Chanter après Musset, c'est agir sans façon ;
Et puis, j'entends aussi l'envieux qui raisonne ;
Nous avons trop grand maître et chance n'est pas bonne :
On peut rimer longtemps et recueillir l'affront.

Un jour, et c'est mon rêve ! en posant sur ma pierre
Une fleur de pensée et parlant sans colère,
Un poëte dira que j'aimais les hasards,

Et que, sans trop d'orgueil, chérissant l'harmonie,
Aspirant au succès, je n'avais pour génie,
Que l'amour pour mon Dieu, la gloire et les beaux-arts.

ENCOURAGEMENT POÉTIQUE

A Mme CARCASSONNE

Quand Reboul, épousant la sainte poésie,
Pour un premier essai, choisit l'*Ange et l'Enfant*,
Sans effort il obtint une gloire infinie;
Tu marches sur sa trace, il ne fut pas plus grand !

Dans les sublimes vers que tu fais en rêvant,
Nous admirons aussi l'éclat de ton génie,
Retrouvant tout à coup la céleste harmonie
Du divin Lamartine et de Châteaubriand.

Muse, obéis toujours au penchant qui t'entraine,
Car, en plongeant ton luth dans les eaux d'Hippocrène,
Sur l'univers entier tu plantes ton drapeau :

Entre le Ciel et toi disparaît la distance,
Et c'est l'esprit de Dieu qui te prête assistance,
Par ses puissants accords allume ton flambeau.

A MON AMI M. LOUIS MÉRY

Professeur honoraire à la Faculté des lettres

Deux cents sonnets sont là !... c'est déjà quelque chose
Pour un pauvre poète... ont-ils de la valeur ?
Je voudrais le penser, mais le dire je n'ose,
Sans votre avis prudent, vous, l'ami de mon cœur.

En songeant à Boileau, modérant mon ardeur,
Vous les pèserez tous, car la règle s'impose ;
Je crains fort, m'arrêtant aux douceurs de la rose,
De trop longtemps goûter son agréable odeur.

Voyez le mot Amour, qui si souvent engage,
S'il est redit deux fois, compromet notre ouvrage :
On le compte pour faute... ainsi le veut la loi :

Pourtant, le cher baiser sur la bouche qu'on aime
Est un nouveau plaisir et le bonheur suprême :
Plus il est répété moins il cause d'effroi !

L'ANGE DU FOYER

Mlle MARIE RASTIT

Quand je songe à l'éclat dont Dieu vous environne,
A ses nombreux bienfaits, à la grâce, à l'esprit,
A ce goût pour les arts qu'avec joie il vous donne,
Vers le ciel étoilé la raison me conduit.

Du sublime langage en parant mon écrit,
Je vois comme il est doux de tresser la couronne,
Et, poète enchanté, vous élevant un trône,
Je puis couvrir de fleurs l'éloge qu'on me dit.

Alors, pour vous vanter, doit se servir ma Muse
D'un riche talisman, du parfum dont elle use
Pour fixer l'harmonie et créer de beaux vers ;

Car votre nom, surtout, qu'on aime et qu'on honore,
Rend le cœur plus ardent et la voix plus sonore,
En charmant les échos de ce vaste univers.

APPARITION DE LA VILLE DE SALON

SOUS LES DOIGTS DU PEINTRE ISNARD

Il faisait encore jour ; à la douce verdure
Le soleil prodiguait son rayon le plus beau ;
Au rocher adossé, copiant la nature,
Notre Peintre étalait tout l'art de son pinceau.

Quelques bouquets épars lui servaient de rideau,
De l'enclos de Suffren il traçait la parure,
Puis Salon se montrait : on voyait la structure
Du clocher Saint-Laurent, les tours du vieux château ;

Au loin la Crau brillait, se fondait au nuage
Semé de pourpre et d'or, et, comme un bleu mirage,
Réfléchissait l'azur et le calme des cieux.

O miracle étonnant ! Sans effort et sans veille,
Ce fut assez d'une heure, et soudain la merveille
Offrit à nos regards le tableau précieux.

PÉLISSANNE

J'aime le doux soleil, les échos de la plaine
Et le divin concert des oiseaux amoureux,
Lorsque s'en va le jour, donnant à la fontaine
Plus de richesse encor, son charme ténébreux !

J'aime aussi, dans l'espace, une cloche lointaine,
Quand sonne l'*Angelus*, cet hosanna des Cieux !
Ce qui plaît tant au cœur et qui calme sa peine :
L'aspect du beau village où chacun est heureux !

Tout en lui nous séduit : sa vieille tour gothique ;
Ses murs couverts de lierre au teint mélancolique ;
L'eau qui fuit bourdonnant sous les sombres arceaux ;

Le regard étonné de la fille qui passe,
Souriant de candeur et laissant, sur sa trace,
Le parfum des amours, des fleurs et des ormeaux !

LANÇON

Sonnet dédié aux Dames R***

Semblable au papillon qui butine la rose,
S'arrêtant dans son vol, courant de fleur en fleur,
Je contemple, ici-bas, la plus charmante chose,
Respirant son parfum, admirant sa couleur !

Au sein de la cité de riante splendeur [1],
Ce n'est pas toujours là que mon esprit se pose,
Il aime le séjour où la beauté repose,
Dissimulant son prix, son éclat, sa fraîcheur.

Aussi, quand je vous vois, dans vos murs si tranquilles,
Loin du tracas du monde et loin du bruit des villes,
Respectant vos secrets, je rêve au doux trésor ;

Et, pour vanter Lançon, le sol qui vous abrite,
Le nid d'aigle si fier de son orgueilleux site,
Je prends lyre d'argent ou la palette d'or.

[1] Marseille.

LAMANON

LA TÊTE DES EAUX BOISGELIN ET CRAPONNE

J'ai pu te voir encor, magnifique domaine,
Embelli de tes prés, de tes bois toujours verts,
Ombrage où l'oiseau chante, où l'onde souveraine
Murmure en serpentant dans ses canaux divers !

Et vous, riches vallons, encouragez mes vers,
Craponne et Boisgelin dont la gloire est certaine !
Que l'esprit ébloui par la riante plaine
Se livre avec transport au charme des concerts !

Que je voudrais pouvoir, dans mon sincère hommage,
Attacher l'avenir à ce magique ouvrage,
De la vieille Durance évoquer l'ancien cours !

Au sommet de Calas érigeant la colonne,
On lira vos deux noms sur la même couronne
Parlant de vos travaux, les rappelant toujours.

SAINT-LO

Offert à une Dame qui m'avait demandé un sonnet

Vous êtes de Saint-Lô, ce pays fort goûté,
Perle d'or sur la rive assise en Normandie,
De Coutances très-près, ville ancienne où l'on prie
Et qui portait jadis le nom de Bourg-l'Abbé !

J'ai senti le parfum du pommier tant vanté,
Madame, en vous voyant, non, ce n'est pas folie !
Et la brise odorante embaumant la prairie
Qui s'en va vers la Manche étalant sa beauté !

J'ai revu le clocher des hautes cathédrales ;
Car, Madone, échappée à vos tours féodales,
Vous m'avez rappelé tout l'éclat des grands jours !

Et puis votre regard est un précieux gage
Pour le sensible cœur qui recherche l'image
Des bonheurs d'autrefois, éternelles amours !

LES RUINES DU PALAIS DE St-CLOUD

Je ne t'avais pas vu depuis dix-huit cent trente,
Palais incendié... quand canons et soldats
Arrivaient pêle-mêle, évitant la tourmente
Qui venait de Paris après tant de combats !

J'étais bien jeune alors et d'humeur inconstante,
Humble Saint-Cyrien, et je ne savais pas
Combien est puéril ce dont chacun se vante :
De pouvoir résister et braver le trépas.

Mais toi, tu fais encor assez bonne figure ;
Sous tes débris dorés tu charmes la verdure,
Reposant sur le sol pour une éternité !

Hélas ! pauvre jalon, au touriste qui passe
Qui mesure le temps, la durée et l'espace,
Tu dis avec chagrin : Tout n'est que vanité !

NOYON

LA VIEILLE VILLE DE SAINT ÉLOI

Quand le rapide vol de mes jeunes années,
En phare étincelant, apparaît devant moi,
Hélas ! je pense à vous, ô mes belles journées,
A tous ces grands bonheurs qui causaient mon émoi !

Parmi tant de faveurs qui me furent données,
De toutes la plus belle, ô cher Noyon, c'est toi,
Toi la ville des fleurs, des vierges couronnées [1],
Toi dont l'auguste enceinte abritait saint Éloi !

Si mon esprit s'arrête à ta splendeur antique,
Si mon œil fixe encor ta haute basilique,
Mon cœur d'un autre charme est surpris à son tour :

Car l'éclatante voix de la reconnaissance
Pour tous les soins offerts à ma joyeuse enfance,
Vient me couvrir alors de parfums et d'amour.

[1] Saint Médard, créateur de l'institution des rosières, fut aussi évêque de Noyon.

COMPIÈGNE

As-tu toujours ta beauté solennelle,
Chère cité, demeure d'anciens rois ?
Et ton château, ta ceinture éternelle
D'ombrage épais, de forêts et de bois ?

J'étais fort jeune, alors que l'étincelle
De l'avenir me tenait sous ses lois,
Dans sa prison je rêvais la Pucelle [1],
Preux chevaliers et les vaillants tournois ;

Mais, aujourd'hui, quand le siècle nous frappe
De ses clartés... lorsque l'heure s'échappe,
Emportant tout... les débris du passé :

J'ai devant moi la douce souvenance,
L'étoile d'or qui berçait mon enfance,
Dont le rayon ne s'est pas effacé !

[1] Jeanne d'Arc fut prise et emprisonnée à Compiègne.

LA CRAU

OU LE DOMAINE DE *REGARDE-VENIR*

Pensez-vous, quelquefois, lorsque, loin de l'orage,
Nos beaux jours s'écoulaient si pleins de majesté,
A *Regarde-Venir*... sous l'ombre et le feuillage
Des mûriers en fleurs, du chêne tant vanté ?

Devant la porte assis, contemplant le nuage,
La lune qui courait et son disque argenté :
Ensemble nous goûtions la brise et son langage
Et les parfums si chers aux ardeurs de l'été !

Le silence des nuits, aussi la solitude,
Répandaient leurs trésors ; nous aimions, d'habitude,
Le calme qui toujours sourit à l'avenir :

Et maintenant encor, quand, hélas ! tout s'efface,
Dans le temps disparaît... nous retrouvons la trace
De ces rayons lointains gravant le souvenir.

L'OMBRE DU COMTE DE CILLART

(*A mon frère Léon*)

———

Frère, nous précédant, il délaissa la terre
Où son esprit si bon paraissait exilé ;
Il reviendra bientôt, si ce n'est pas chimère,
Habitant de l'espace ou du ciel étoilé.

Souvent, tu l'entendras près du roc isolé,
Source vive, onde pure ou soit brise légère,
Se mêlant aux soupirs de la vaste bruyère,
Dans les échos plaintifs sortis de Quimperlé !

Et puis, mon cher Léon, fatigué du voyage,
Que déjà tu descends, étage par étage,
Souvenir d'amitié... tu sentiras sa main ;

Tu croiras la tenir comme noble assistance,
A ce moment suprême où s'enfuit l'espérance,
Aux derniers feux du jour, dans le dernier matin.

LA LYRE ET L'ÉPÉE

L'épée a quelque poids, au jour de la bataille,
Quand, vaillamment tirée, elle mène aux combats ;
Mais, pour vaincre souvent, il faut trop haute taille,
Et la gloire ici-bas peut créer des ingrats.

Et puis l'enivrement, le feu de la mitraille,
Les cris de désespoir, la fureur des soldats
Lorsqu'au jeu du canon la mort vole et nous raille,
Quand le boulet murmure en semant ses éclats !

A tous ces bruits confus, heureux, moi je préfère
La douceur de la lyre et sa corde légère
Qui calme tous les maux et qui sèche les pleurs ;

La muse qui nous aime et toujours nous inspire
Les sons les plus touchants, qui tendrement soupire
Des mots faisant germer et la joie et les fleurs !

LA MENDIANTE

Sur un banc, à l'écart, seule elle était assise,
N'osant pas trop lever son regard vers les Cieux,
Enfant abandonnée, à la honte promise,
Attendant le retour d'un commerce odieux.

Avait-elle vingt ans? l'erreur était permise,
Le soleil était triste et l'air assez brumeux;
Je ne m'arrêtais pas, mais je vis que la bise
Avec quelque regret soulevait ses cheveux.

Peut-être qu'en naissant, ayant perdu sa mère,
Ce terrible malheur commença sa misère;
Quand l'aïeule mourut, elle était aux offrants:

Au lieu du doux logis ce fut sombre demeure
Ternissant sa jeunesse et la livrant, à l'heure,
A des plaisirs impurs, pour quelques sous comptants!

LA VENGEANCE

De te revoir, hélas ! je n'ai plus la pensée
Dans ce monde ici-bas, le destin est fatal,
Mais un jour me rendra ma mémoire effacée
Et je me munirai d'un pouvoir infernal ;

Mon esprit reviendra... je serai matinal,
Tu le sais, dans la mort quand la vie est passée ;
Sous l'aspect d'un fantôme et, la voix courroucée,
Je redirai ton nom d'un ton fort sépulcral.

Encor, ce n'est pas tout... Pour moi quelle allégresse
Quand, posant sur ton front une froide caresse,
Je te verrai trembler et tout à coup pâlir !

Ainsi j'accomplirai ma ténébreuse envie
Et mon âme, par toi n'étant plus asservie,
Trouvera le repos, n'ayant plus de désir !

UN MARI A LA MER

Je ne possède pas le don de double vue,
Etant très peu connu du monde des esprits ;
Aussi, de deviner ma peine était perdue
Le trouble du voisin dont j'étais fort surpris !

Pourtant, je le voyais s'arrêter dans la rue,
Le front triste et pensif, et souvent indécis ;
Reprenant le chemin, il regardait la nue,
Les yeux mouillés de pleurs et tout chargés d'ennuis !

Avant, il était gai... de sa métamorphose
Moi je voulus savoir le principe et la cause,
De le lui demander je fis, un jour, les frais.

« Plaignez-moi, me dit-il, sur ma mélancolie !
« Quand de me marier je commis la folie,
« Ma femme était bossue et ne l'ai su qu'après ! »

LA FÊTE DES MORTS, A MARSEILLE

Hâtez-vous, cavaliers, franchissez la barrière !
Des courses du Prado dans le vaste chemin,
Vos chars pourront très bien soulever la poussière
D'un sentier plus étroit... et ce sera demain !

Demain, *le deux Novembre*, en allant à Saint-Pierre
Deviser du néant et du fatal destin,
Vous sentirez au cœur un parfum de prière,
Dans votre âme troublée un douloureux chagrin.

Puis, s'il vous reste encor quelques projets en tête,
En songe vous verrez, pour célébrer la fête,
Sortir de leurs tombeaux les morts, les trépassés !

Vous disant, souriant : « Nous avions des couronnes,
« Non pas de noirs cyprès, non pas de belladones,
« Et ces jours de triomphe avec nous sont passés !!! »

LA LAMPE QUI S'ÉTEINT

Que d'hommes j'ai connus brisés par la tourmente,
Arrêtés tout à coup sur le bord du chemin !
Que de cœurs généreux ont glissé sur la pente,
Dans l'oubli disparus, hélas ! sans lendemain !

Et dans ce livre ouvert, que l'on nomme Destin,
Me rappelant leurs noms, ma vue est vacillante :
Plus d'un s'en est allé comme étoile filante,
Météore brillant paraissant un matin !

Et le nombre grandit ! en parcourant la route :
Pour tout ce que l'on aime, on craint et l'on redoute,
Quand tombent nos amis, nous tombons avec eux !

La lampe qui s'éteint sur celui qui succombe,
Se rallume bientôt, prédit une autre tombe,
Et nous prépare encore à de nouveaux adieux !

LA LANTERNE

On me voit très-petite et j'éclaire le monde ;
Pendant la nuit je guide et dirige les pas ;
Que de gens arrogants, sur la machine ronde,
Qui n'ont pas mon mérite et qui ne brillent pas !

Ils parlent sans rien dire, et d'eux on est fort las
En voulant proclamer la science féconde ;
Moi je suis plus prudente et, quand le jour abonde,
Je me tiens à l'écart sans faire d'embarras.

O vous, amis mortels, fatigués du voyage,
Quand vous terminerez votre pèlerinage,
Hélas ! pour nous quitter et ne plus revenir,

Je brûlerai toujours... de l'homme qui succombe,
De mes vives clartés j'environne la tombe,
Lorsqu'il ne laisse, lui, que pâle souvenir.

LES HIRONDELLES

Avez-vous vu souvent comment les hirondelles
Arrivent par milliers, fatiguant de leurs cris
Les prés et les vallons que leurs ardentes ailes
Leur font bientôt franchir dans l'ombre de nos nuits?

A celui qui le sait demandez où vont-elles ?
Vers l'Afrique sans doute, en de lointains pays,
S'abattant sur les bois, au sommet des tourelles,
Dans un climat plus doux, aux cieux moins assombris.

Ces oiseaux voyageurs sont la parfaite image
De notre âme envolée et cherchant pour rivage
Le calme et le repos, emblèmes du bonheur ;

Quand, n'ayant plus de corps, errante autour des sphères,
Loin du bruit de l'orage et loin des nos misères,
Elle attend que le Ciel réponde à son ardeur.

LA MOUCHE

Indiscrète, où vas-tu ? belle comme un saphir ?
J'aperçois tes couleurs, ta robe diaprée ;
Immobile et sans crainte et, bientôt rassurée,
Un instant sur ma main qui peut te retenir ?

Je comprends ton transport et ton charmant désir,
Pour la fête du jour tu veux être parée ;
Tu n'auras qu'un soleil et sembles préparée
A goûter sans repos et bonheur et plaisir !

Tu t'envoles déjà ! quel est donc ce mystère ?
A peine près de nous tu délaisses la Terre,
Bourdonnant à l'oreille un son doux, amoureux ;

Et, lorsque l'on te cherche, hélas ! au grand espace,
Ton essor si léger n'a pas laissé de trace ;
Trop petite, pourtant, tu n'atteins pas les Cieux.

LE CHANT DES FAUVETTES

Dédié aux Dames S***

Vous aimez, je suis sûr, la harpe et le hautbois,
Et, dans les frais vallons, le bruit des chansonnettes,
Sous le vent de la brise écouter les fauvettes
Dont la plainte se perd dans l'épaisseur des bois !

Vous aimez, je le sais, tintements et clochettes
De nos chères brebis se dérobant parfois
Au détour des sentiers... qui s'en iraient seulettes,
Sans le vibrant appel et seraient aux abois !

Vous aimez, mais ceci je n'ose plus le dire,
L'eau qui tombe en cascade et tendrement soupire
Aux plis du doux canal qu'on appelle ruisseau !

L'écho séduit le cœur, l'écho charme notre âme,
Et moi, qui veux fêter tout ce qui les enflamme,
J'évoque votre voix, n'ayant rien d'aussi beau !

TOUT CHEMIN MÈNE A ROME

Il est toujours prudent, quand on se met en route,
De bien connaître à fond et détours et chemin,
Ma foi ! les demander on sait ce qu'il en coûte :
Lise l'éprouva fort et changea son destin.

En se rendant, le soir, au village voisin,
Elle était incertaine et montrait quelque doute ;
Un monsieur l'aperçoit, qui s'arrête et l'écoute
Et de son embarras ne parait pas chagrin.

« Comment ! vous hésitez ? lui dit le bon jeune homme,
« Vous le savez pourtant : tout sentier mène à Rome ;
« L'endroit que vous voulez est à deux pas d'ici. »

La voie elle saisit qu'il ne fallait pas prendre,
Où l'herbe était très douce, où la mousse était tendre :
Après le court trajet Lise eut un gros souci.

LE DÉSESPOIR DE LISE

Lise n'avait songé qu'à la joie en ménage,
Qu'à des soins empressés, à l'agréable humeur
De l'homme de son choix ; mais, hélas ! quel tapage
Vint briser son espoir et ternir son bonheur !

Se montrant volontaire, exigeant et frondeur,
Le monsieur commença le jour du mariage ;
Rien ne put adoucir sa voix et son langage ;
Quand il ne parlait pas, il était tout boudeur.

Aussi, la pauvre enfant court se plaindre à sa mère
De ce que son hymen n'est plus qu'une chimère,
Lui demandant pourquoi sont ainsi les maris ?

—« Fille, rassure-toi : tu sais que dans ce monde
« Il faut le purgatoire et, quand notre époux gronde,
« C'est qu'il se croit chargé d'ouvrir le paradis ! »

DEUX ÉPOUX FORT JALOUX

Je n'ai jamais connu d'épouse plus craintive !
Portant sur un mari ses regards langoureux,
On aurait cru vraiment qu'une épée offensive
Sur lui s'était braquée et menaçait ses yeux !

Savez-vous, cependant, qui la rendait pensive
Pour tout ce qui venait, s'approchait des doux lieux
Où son cœur aimait tant ?.. elle était attentive
Afin de bien garder son trésor précieux !

Chez elle on la voyait toujours en sentinelle,
Du logis à tout heure écartant la plus belle,
Disant son noble époux malade et fort souffrant ;

Et lui, non moins jaloux, plus amoureux encore,
Pour éloignér l'intrus et le feu qui dévore,
Prétendait que sa femme était en mal d'enfant !

LA FRANCE ET LA LIBERTÉ

Comme elle est triste à voir, attachée au grabat,
Cette femme étendue !... On la nomme une mère ;
Elle va succomber au poids de sa misère,
A moins que le bon Dieu ne change son état.

Oui, tout près de son lit j'aperçois un soldat.
De nombreux médecins offrent leur ministère,
Mais fort ambitieux, demandant leur salaire,
Avant d'être assurés de son dernier combat.

Tu ne peux pas rougir ! la malade est la France,
Objet de ton amour et de ton espérance ;
On lui refuse, hélas ! la gloire et la santé.

Faudra-t-il assister à sa lente agonie,
Quand l'évidence est là, lorsque la raison crie :
Donnez-lui beaucoup d'air, surtout la Liberté !

L'ENFANT DESCEND DU CIEL
Y REMONTE PARFOIS !

Mères, sachez voiler que vous avez un ange,
Ne vous enivrez pas de ses jolis yeux bleus,
Car auprès du chevet toujours se tient l'Archange,
Tout prêt à le saisir comme un bien précieux !

Aussi, du chérubin très-triste est le mélange
Des rires et des pleurs ! il est fort désireux
De rester près de vous et, pour que tout s'arrange,
Bercez-le nuit et jour dans vos bras amoureux.

Versez sur son beau front la divine harmonie,
Vos accords les plus doux de tendresse infinie,
Il ne pensera plus au Ciel qu'il a quitté :

Vous le reconnaîtrez au transport de sa flamme,
Quand après le sommeil il retrouve son âme
Et s'il tourne vers vous son regard enchanté.

JE L'ATTENDS TOUS LES JOURS

MA FILLE NE VIENT PAS !

D'où vient que les accords qui glissaient sur ma lyre
Se sont évaporés, ont perdu leur accent ?
C'est que je n'entends plus que l'écho qui soupire,
Dans la nuit du tombeau la voix de mon enfant.

Ah ! de la contempler faisait tout mon délire,
Celle que je pressais sur mon sein palpitant !
Elle était douce et bonne, exerçant son empire
Sur ceux qui la voyaient, hélas ! un seul instant.

Depuis qu'elle n'est plus, je la demande encore
Au soleil qu'elle aimait, à la brise sonore,
A tous ces lieux si chers où nous portions nos pas :

Pour elle la Nature agit toujours de même,
Prépare ses parfums, son riant diadème,
Voulant orner son front. Ma fille ne vient pas !

LA MORT DU SAUVEUR

Venez dans le lieu saint contempler sa souffrance,
O vous qui pleurez tant sur votre Rédempteur !
Songez que c'est pour vous l'ancre de l'espérance
L'instrument du supplice où périt le Sauveur !

Ah ! quel fut son tourment, lors de la délivrance
Sur le mont Golgotha, dans ce jour de frayeur :
Quand, implorant son père, évoquant sa clémence,
Il voulait abréger sa terrible douleur !

Chrétiens, courbez vos fronts ! Après l'œuvre accomplie,
Quand monta vers le Ciel sa cruelle agonie,
Le sol fut agité d'un long frémissement ;

La mer au loin gronda ; les échos retentirent ;
L'éclair brisa la nue et les tombeaux s'ouvrirent :
L'Homme-Dieu qui mourait, mourait en triomphant !

DERNIÈRE PENSÉE DE DEUIL

A MADAME G. C***

Un soir, en revenant par cette courte allée,
Route de Pélissanne où vous avez un port,
Vous vous demanderez s'il est un mausolée
Abritant à cette heure un doux poète mort ?

Et puis vous vous direz, dans un dernier accord :
Ainsi que l'oiseau bleu son âme est envolée,
Lui qui chantait toujours les brises, la vallée,
Dont la voix se taisait, que j'écoutais encor !

Promenant au lointain vers les sombres collines
Vos regards attentifs... au sommet des Alpines
Vous verrez le rayon se perdre dans la nuit :

Et vous retrouverez cette image fidèle
De tout ce qui s'éteint... emportant avec elle
Les rêves du passé, le bonheur qui s'enfuit !

MORT DU JEUNE OLIVIER DE SAILLY

Tué à la bataille de Saint-Privat

Vous voulez, cher cousin, qu'au grand feu du tonnerre
Après ce temps passé, j'allume le flambeau,
Que je cite, au milieu de l'ombre funéraire,
Le nom de votre fils, le héros le plus beau !

Victime désignée à la terrible guerre,
A peine il commença qu'il trouva son tombeau,
Aux champs de Saint-Privat où, mordant la poussière,
Il tomba foudroyé défendant son drapeau !

Pourquoi parler d'un deuil si triste à la mémoire,
Lorsqu'une balle au front éteignit tant de gloire,
Les vœux de l'avenir, son rêve et ses splendeurs ?

Désirant le vanter, je plains trop sa jeunesse,
Son esprit, ses talents, sa valeur, sa tendresse
Et je préfère alors le silence et les pleurs !

ELLE ÉTAIT MORTE !

Il ouvrit de grands yeux, en entrant dans ce monde :
Sa sœur était malade et son père alité ;
C'était une cabane où la misère abonde ;
Un chien noir, le front bas, paraissait attristé.

« Enfin je suis venu, je suis à ton côté,
Dit l'Enfant à sa Mère, ô surprise profonde !
Quand l'Ange m'a guidé vers la machine ronde,
De loin j'ai vu le globe où tout est agité,

« Et j'accours à l'instant pour goûter ta tendresse,
Dévorer tes baisers, recevoir ta caresse,
Ton souffle bien-aimé.. Serre-moi dans tes bras !

« Car je veux accomplir le destin de ma vie,
Assurer mon bonheur et charmer ton envie...
Mais, hélas ! qu'as-tu donc ? tu ne me réponds pas ! »

PAUVRES ENFANTS !

Marcel et Anna Sajous morts à un jour d'intervalle

Quel bruit s'est répandu ! quelle triste nouvelle
Afflige notre cœur et le charge d'ennuis !
Quoi ! tous deux emportés par la Parque cruelle,
Se suivant d'aussi près, sitôt évanouis !

Le plus jeune, Marcel, à deux ans accomplis,
De l'existence, hélas ! n'a vu qu'une étincelle,
Enfant aux rêves d'or ! à sa chère prunelle
S'attachaient les rayons du brillant Paradis !

Anna ! l'autre, sa sœur, cause encore plus de peine :
Cinq printemps sur son front versaient leur douce haleine
Et cachaient sous les fleurs son avenir heureux !

Mais, non, c'est insensé de compter sur ce monde,
Car du bonheur promis jamais rien ne se fonde :
Nos anges, bien souvent, sont marqués pour les Cieux !

A MON AMI CANTON
SUR LA MORT DE SA FILLE

Recevant, ce matin, ta lettre mortuaire
Qui tira de mon cœur un cri si déchirant,
Ami, je suis venu devant le sanctuaire
M'associer au deuil, au spectacle touchant.

Hélas ! tu le sais bien ; j'étais aussi le père
D'une fille adorée et morte en un instant :
Elle se nommait Rose, ô fleur trop éphémère,
Que la tempête brise et bientôt jette au vent !

Et Blanche était le nom de ton enfant chérie,
Expression fort douce à notre âme attendrie,
Révélant sa bonté, ses charmes, sa candeur !

Tous deux nous aurons bu jusqu'au bout le calice,
Mais, arrivant ensemble au terme de la lice,
Nous ne combattrons plus ! Au ciel est le bonheur !

LE TOMBEAU DE MA COUSINE SICARD

Quand Malherbe, autrefois, pour prouver son génie,
Nous laissa de beaux vers en célébrant les morts,
On a tort, je le sais; hélas ! et c'est folie,
De suivre même voie et de si doux transports !

Pour les êtres charmants qui sont aux sombres bords,
Lorsque le cœur est plein de tristesse infinie,
Oui, quand nous déplorons l'existence ravie
D'une épouse aussi chère... on le fait sans efforts !

Ma Muse, en recherchant et le lis et la rose,
Et le tendre calice où l'insecte se pose,
Peut bien, dans son amour, visiter un tombeau :

Elle y déposera son bouquet d'immortelles
Aux pieds de l'Ange en pleurs, qui, déployant ses ailes,
Le couvrira toujours de son divin manteau.

MÊME SUJET, TRISTESSE DE L'ANGE

L'Ange avait dit pourtant.. « Envolez-vous, ma sœur,
« Venez goûter là-haut une paix éternelle,
« La joie inaltérable et le divin bonheur
« Que promet l'Elysée à l'âme douce et belle ! »

Alors, de notre Dieu la céleste splendeur
Faisait jaillir sur toi sa plus vive étincelle :
Et, pour suivre aussitôt le guide tentateur,
Aux plaisirs d'ici-bas tu restais infidèle !

D'où vient qu'avant d'atteindre au bienheureux séjour,
Tu renonças au Ciel, à ce paisible amour,
A l'heure d'agonie et de noble espérance ?

C'est que l'on sent toujours un regret à mourir,
A laisser ses amis, seuls combattre et souffrir,
Quand on est, pour eux tous, une autre Providence !

CONVOI DE LA JEUNE NOÉMI BORY

Muse, suspends ton vol, adoucis tes accents,
Auprès du corbillard quand la foule se presse,
Neuf heures du matin !... O douleur ! ô tristesse !
La pauvre morte, hélas ! ne comptait que seize ans !

Cet âge, comprends-tu ? pour elle le printemps,
La fleur et sa beauté, la brillante jeunesse !
L'espoir d'un long bonheur tenant l'âme en ivresse !
Répandons sur ce deuil et la myrrhe et l'encens.

Je ne l'ai pas connue et, pourtant, son image
Apparait à mes yeux; oui, c'est pour moi le gage
Que la terre est néant, que le ciel est le port !

En voyant la rigueur attachée à la tombe,
Emportant tout espoir, lorsque l'Ange succombe,
On se prend à rêver, à désirer la mort.

SONNET

ADRESSÉ A LA FAMILLE DU DOCTEUR BARET

O chagrin ! ô douleur ! quoi, la mort implacable
L'a frappé tout à coup, terminant ses beaux jours !
Rien ne faisait prévoir qu'un sort si regrettable
Viendrait briser sa vie, arrêterait son cours !

Lui, savant médecin, si bon, si charitable,
Des malades l'espoir, qui les charmait toujours !
Les pauvres ont gardé son souvenir affable,
Acceptant de ses mains l'obole et le secours !

Aussi, Paris surpris, admirant son courage,
Sa mâle activité... dans un noble langage
Parle de ce malheur, de parents éperdus ;

Et nous, qui l'aimions tant, affligés sur la terre,
Nous adressons au Ciel une simple prière :
Que ceux qui le suivront imitent ses vertus !

DISPARUE A VINGT ANS !

Que j'aimais à fêter ta joyeuse naissance,
Quand, ma fille, le mois m'offrait un si beau jour,
Lorsque l'horizon bleu germait notre espérance,
En nous faisant goûter tant d'ivresse et d'amour !

Un rayon de ton âme était notre assistance,
Cher ange descendu du céleste séjour !
Tu nous donnais la voix de la reconnaissance,
Pour bénir l'Eternel, l'adorer tour à tour.

Aujourd'hui du bonheur la coupe est renversée,
Y songer désormais serait chose insensée,
Car l'aube disparaît sous le poids de ton deuil.

C'est plus ! — le front meurtri, s'abaissant vers l'abîme,
Te cherche en pâlissant, noble et tendre victime,
Et voudrait s'abriter dans le même cercueil !

ERREUR D'UNE ENFANT

(A Madame d'H***)

Tu veux donc que j'écrive à la tendre Isabelle,
Que, pour avoir tardé, je demande pardon !
Quoique père soumis, je ne puis rien pour elle,
Car, je ne suis, hélas ! ni croquet, ni bonbon !

De la mouche dorée ou du bleu papillon,
Si je prenais l'aspect et la forme nouvelle,
J'irai, traversant l'air, caresser de mon aile
Son front délicieux et son joli menton.

Tiens, tu devrais gaîment lui raconter la chose,
Attacher son esprit à ma métamorphose,
Dire que sur les fleurs j'exerce un doux larcin :

Acceptant aussitôt l'agréable folie,
Par la joie et l'espoir doublement embellie,
On la verrait courir et m'attendre au jardin.

LE COLIBRI

A Madame G. C***, poète

En relisant vos vers, on a le cœur ravi :
On voit passer dans l'air une douce merveille,
Ayant couleur de feu ; son cri charme l'oreille ;
Ce petit ange ailé se nomme colibri !

Voltigeant, sur le port, à l'heure de midi,
Comme elle butinant je voudrais être abeille,
Ou bien ne ressembler qu'à l'oiseau qui s'éveille,
Rempli des songes d'or qui bercent son ennui !

Alors, s'abandonnant à l'attrait du mirage,
S'agitant tout à coup, reprenant son ramage,
De son pays lointain il chante les splendeurs !

Ah ! comme il vous ressemble ! et, quand la nuit s'achève,
Cet heureux prisonnier répète son beau rêve :
Le temps qu'il a passé dans la brise et les fleurs !

CALME ET SIMPLICITÉ

(A Monsieur Jean Sabatier)

Poète, viens t'asseoir au pied de nos ormeaux,
Pour goûter du zéphir la séduisante haleine,
Et le Ciel radieux te charmera sans peine,
Sous le murmure ami, le caprice des eaux !

Et puis, nous entendrons le doux chant des oiseaux,
Contemplant le miroir de la blanche fontaine,
Saisissant tous les bruits qui courent dans la plaine,
Le long des arbres verts, sur les riants coteaux !

Nous serons plus heureux, plus calmes, plus tranquilles,
Loin des soucis moqueurs et du tracas des villes,
Ayant même horizon et même lendemain ;

Et nous verrons passer les fugitives heures,
Allant, tourbillonnant, planant sur les demeures,
Dans un cadre éthéré se tenant par la main !

MON PLUS DOUX SONNET.

A Madame d'H***

Quand un rayon plus pur a coloré le jour,
Quand le chagrin te quitte aussi, ma bien-aimée,
Est-ce l'effet, dis-moi, de la brise embaumée
Qui verse dans ton cœur l'espérance et l'amour ?

Le triste souvenir, qui veut fuir à son tour,
A-t-il fait place au rêve, hélas ! qui t'a charmée,
Ou n'aperçois-tu pas l'auréole enflammée
De tous les biens promis au céleste séjour ?

Mais non, pas de pensers, ni de songe éphémère !
Il faut si peu de chose au désir d'une mère,
Les yeux bleus d'une enfant, son orgueil ! son flambeau !

Il faut le regard tendre et l'aimable sourire
De l'ange qu'elle étreint et qui semble lui dire :
Pourquoi pleurer ainsi quand le Ciel est si beau ?

LE SERPENT SOUS LES FLEURS

Regarde-la passer, vois comme elle est heureuse,
Se baignant dans l'azur, allant cueillir la fleur !
Elle vole au jardin, dans sa flamme amoureuse,
Amasse un gros bouquet pour l'offrir à sa sœur.

Mais d'où vient qu'à l'instant une triste pâleur
A couvert son visage et qu'elle est si peureuse ?
Un serpent s'est montré... notre enfant radieuse
A perdu tout à coup sa joie et son bonheur !

Et, pourtant, ce n'est rien au terrestre voyage,
Son ennemi s'en va, se perd dans le feuillage,
Poltron et très craintif il redoute la mort :

Tandis que pour elle, on le saura peut-être,
Un mari plus habile, en devenant son maître,
Sémera sur ses jours un déplorable sort.

DEUXIÈME SONNET

A mon ami M. Louis Méry, Professeur

Ami, te souvient-il des heures si légères
Paraissant s'oublier en nous dictant des lois,
Quand tu me faisais voir les ombres passagères
Ou l'éclat des grands noms qui régnaient autrefois ?

N'adorant que la brise et le repos des bois,
Alors nous étions seuls, en traitant de chimères
Le parti politique aux projets éphémères,
Les mots gonflés de vent prédisant des exploits.

L'effet m'en est resté : j'écoute ta parole,
Cet aimant vénéré, ce baume qui console;
De tes savants discours j'ai compris les accents ;

Je cède avec ardeur au pouvoir qui m'entraîne
Vers le même horizon, portant la douce chaîne
Qui nous conduit tous deux sous les ailes du temps !

LA VRAIE PHILOSOPHIE

A quoi bon s'attrister ?... tout s'en va vers l'abime :
Richesses, royauté, espérance et bonheur !
Bien peu de souffle il faut pour emporter la rime,
Les vers harmonieux qui causent tant d'ardeur !

Rester indifférent, non, ce n'est pas un crime,
Torturant son esprit et cherchant dans son cœur,
Le poète inspiré fait trop, je m'imagine,
Il cède au feu follet, au prestige trompeur !

Avez-vous vu, parfois, assis près du rivage
Les flots amoncelés entraînés par l'orage ?
Soudain, c'est la tempête, hélas ! et que de bruit !

Après ce grand fracas, bientôt c'est le silence
Qui revient à son tour et marque sa présence,
Et l'éclair qui brillait s'est éteint dans la nuit !

TROISIÈME SONNET

*A mes Amis du Collège qui m'avaient invité à la Distribution
des Prix*

L'honneur qui m'est offert est un gros privilège,
Oui, que je sens toujours de gloire environné :
Vous m'invitez à prendre une place au Collège,
Près des bancs où jadis j'étais peu couronné !

Quand, pour l'utiliser, le temps nous est donné,
Je l'avoue, on a tort, du travail on s'allège.
Qui ne l'éprouve pas ? la paresse est un piège
Où s'endort notre esprit au néant condamné.

Vous le voyez, amis, quand la muse m'inspire
Les mots les plus touchants que je voudrais vous dire ;
Virgile, Horace encor, dont vous faites grand cas,

Que j'ai trop dédaignés, me trouvent téméraire
D'agir sans leurs secours, de prétendre vous plaire.
Si je n'avais mon cœur, quel cruel embarras !

UNE POINTE A BOILEAU

O mon ami Boileau, tu troubles la mémoire,
En réglant le sonnet, pour user de tes droits ;
Pourquoi tant de soucis ajoutés au grimoire ?
Tant d'obstacle, à mon sens, était bon autrefois !

En maître tu rimais, tout en chantant la gloire
Du plus puissant monarque et du plus grand des rois !
Tu savais l'encenser, embellir son histoire ;
Esclave très soumis tu vivais sous ses lois.

Et nous qui n'avons pas de semblables prouesses,
Ni hauts faits merveilleux, ni grandeurs, ni richesses,
Un seul mot nous suffit : celui de Liberté !

Avec elle, on ne trouve aucun frein sur sa route ;
Mais, du profit, hélas, il se peut que l'on doute,
N'étant pas sûr d'atteindre à l'immortalité !

LE DÉPART

DE MA PETITE-FILLE MARGUERITE

Hélas ! tu vas partir, — quelle tristesse amère
Egare ma raison, s'empare de mon cœur !
Je ne sentirai plus ta présence si chère
Pour alléger mes ans, exciter mon ardeur !

Te trouver chaque jour était un vrai bonheur,
Mon rêve du matin... ma vie était légère !
Il ne me restera que la plainte éphémère
Rappelant mon ennui, me couvrant de pâleur !

Souvent il est ainsi des plaisirs en ce monde :
Un instant les détruit, une heure, une seconde,
Le temps de dire : Adieu ! L'an prochain ! Au revoir !

Et le Destin se rit de notre persistance
A croire que toujours il nous donne assistance,
Lorsque le long sommeil peut briser notre espoir !

COUP DE PIED DE JUVÉNAL

ou

LES LECTURES D'AUJOURD'HUI

Il faut beaucoup d'attrait pour briller en ce monde !
Aligner de grands vers, le faire sans façon,
Chanter le doux zéphir, le murmure de l'onde,
C'est, ma foi, trop banal et n'est plus de saison !

Parlez-moi du journal où la richesse abonde ;
Politique en fureur ; ardente passion ;
De l'ouvrage à la mode où la verve féconde
D'auteurs imprévoyants a semé le poison !

Le roman-feuilleton !... voilà, c'est la merveille
De charme séduisant et d'odeur sans pareille,
Pour adoucir les cœurs, étonner les esprits !

L'adulte s'habitue à mesurer le crime ;
La jeune fille, aussi, se jouant sur l'abîme,
Apprend comment parfois on trompe les maris !

MORT DE LA PAUVRE JENNY

(A mon Petit-Fils)

Henri, cher petit-fils ! tu déroules la page
Des malheurs imprévus nous causant tant d'ennui,
Et ton premier chagrin fait un gros étalage
De tristesse et de pleurs... Hélas ! pauvre Jenny !

Témoin de vos combats, je riais, à mon âge,
Tant d'autres j'avais vus, sans prendre de souci !
Tu la tourmentais fort, quand tu n'étais pas sage ;
Quelquefois la battais, et cela sans merci.

Pourtant, voulant te plaire, elle était douce et *bonne*,
Portait gaîment ce titre. A-t-elle une couronne
Indiquant son martyre et son cruel destin ?

Enfant, offre-la lui, car on a peu de chose
Où le cyprès grandit, où se flétrit la rose,
Quand chaque visiteur peut se dire : à demain.

SOUVENIR

DE MON AMI LOUIS AUBRELICQUE

*Ancien maire de Compiègne, Conseiller général,
Sénateur de l'Oise*

Heureux celui qui meurt et doucement repose,
Inscrivant sur le marbre un succès plein d'éclat !
Nous n'avons à louer, dans son apothéose,
Que devoirs accomplis, services à l'État !

Maire de sa cité ! c'était bien quelque chose,
Car sur elle il veillait comme un vaillant soldat !
Conseiller général !..., plus de zèle s'impose,
Avec gloire il remplit ce double et beau mandat.

Et lorsque vint le temps des augustes suffrages,
On voulut profiter de ses avis si sages,
Aubrelicque, aussitôt, fut nommé sénateur.

Hélas ! un mal cruel, alors, brisa sa flamme,
Attrista ses amis et déroba son âme,
Nous laissant pour parfum la bonté de son cœur !

L'AMOUR DE LA PATRIE

Pour peindre la tendresse, il faut d'ardentes ailes,
Du zéphir amoureux le charme et la douceur,
Imiter, en passant, la voix des tourterelles
Qui tremblent de plaisir, de joie et de bonheur !

Du courage éclatant et du soldat vainqueur,
Pour parler de bataille, il faut les étincelles;
D'Ossian rappeler les pages immortelles,
Lorsqu'il vantait des preux et la gloire et l'honneur !

Mais, quand la corde vibre au grand nom de Patrie
Et répand dans nos cœurs la coupe d'harmonie,
Il faut à l'univers demander ses accords :

Emprunter au soleil ses feux, sa vive flamme,
A la fleur son parfum, et l'encens que notre âme
Réserve au Créateur dans ses plus beaux transports.

LES DEUX PHILOSOPHES

(Dédié à mon ami Galas)

« Pour atteindre le but pourquoi marcher si vite ?
Disait un philosophe à son joyeux voisin ;
Le sage doit chasser tout ce qui nous agite,
La moindre émotion rapproche du déclin !

« A quoi bon la fortune ? il faut peu de butin,
Arrivant à l'endroit où la tête s'abrite.
A peine un vêtement... notre orgueil s'en irrite,
Qu'il soit beau, qu'il soit laid, suffit à notre fin ! »

— « Ami, vous voudriez, hélas, que je modère
Le plaisir, le bonheur, l'existence si chère,
Dont je sais m'entourer, qui fondent ma gaîté :

« Eh bien ! vous avez tort ; quand sonnera mon heure,
Lorsque la mort viendra me prendre à ma demeure,
Ce sera même part : richesse ou pauvreté ! »

SOUVENIR DE NOTRE MÈRE ÈVE

Composé pour M{{ll}}e L. Etienne

On prétend qu'Eve, un jour, en se voyant si belle,
Tressaillit tout à coup de plaisir, de bonheur,
Quand le cristal des eaux lui rendit si fidèle,
Pour la première fois, son visage enchanteur !

De ses attraits divins la subite étincelle
Avait trompé ses sens, évoqué son ardeur,
Et le regard d'amour qui se penchait sur elle
Lui donnait, en riant, les chers baisers du cœur.

Notre mère, pourtant, n'avait pas tous les charmes
Et de dons si parfaits les séduisantes armes
Qui mettraient à tes pieds les Archanges du Ciel :

Non, car elle ignorait la voix et le sourire,
Ces mots si caressants que tu sais si bien dire
Et que je goûte encore, aussi doux que le miel !

A MON NEVEU SIBOUR

CAPITAINE DE VAISSEAU

(*Souvenir du Bailli de Suffren*)

Un instant seulement arrête ton navire,
Sur le flot qui t'entraîne, hélas loin de ce bord !
On dit que c'est ta fête et, reprenant ma lyre,
Je veux la célébrer dans un bien doux transport.

Que puis-je demander, quand la verve m'inspire,
Qui ne soit dans ton ciel écrit en lettres d'or ?
Des parents, des amis, pour eux ton cœur soupire,
Filles, charmantes fleurs, une épouse, un trésor !

Ensuite l'horizon, tout rempli de largesses,
Ne te promet-il pas de nombreuses richesses ?
Sous tes ordres vaisseaux et courageux soldats ?

Commandant de la flotte au jour de la vaillance,
Ne peux-tu relever le pavillon de France,
Rappeler de Suffren les merveilleux combats ?

AURI SACRA FAMES

Quand Dieu versa les biens, les trésors à la Terre,
Il détourna les yeux, en voyant le métal
Objet plein de dangers, nous poussant à la guerre,
Malgré tous ses bienfaits, nous causant tant de mal !

Aux cœurs dénaturés son empire est fatal ;
Pour quelques lingots d'or la vertu sait se taire,
Le vice est satisfait, recevant son salaire,
Et sème avec orgueil son pouvoir infernal.

Voyez autour de vous, outrageant la nature,
Ces vains colifichets, recherches de parure :
Vous pouvez calculer tous leurs tristes effets.

Viennent-ils du travail ? non ce serait folie
De penser que richesse arrive dans la vie,
Sans la honte parfois en faisant tous les frais.

LES DEUX JEUNES SŒURS

OU LE LANGAGE DES FLEURS

Ensemble elles allaient, s'arrêtant au parterre,
Cherchant à deviner le bruit de chaque fleur :
C'était au doux printemps — la sœur menait la sœur,
Toutes deux se mêlaient à la brise éphémère !

« Que deviendras-tu donc ? ô toi que je préfère?
« Dit la jeune en rêvant... quelle suave odeur !
« Comme est beau le destin qui t'attend sur la terre,
« Ta tige est élevée et vive est ta couleur ! »

L'autre parlait aussi, mais à l'humble pensée
Qui, plus modeste, hélas ! paraissait effacée,
Se tenant à l'écart, donnant faible parfum :

« Nous irons, tu le sais, où vont toutes les choses,
« Vers l'abîme profond où se perdent les roses,
« Dans le vide, au néant, l'effroi du genre humain !

PRIÈRE A UNE DAME

Quand sur un sein d'ivoire on attache une fleur,
Elle paraît plus belle et plus suave encore :
Ainsi de l'harmonie, elle semble sonore
Sur la bouche vermeille empreinte de candeur !

Vous peignez les objets dans leur très vive ardeur,
On sait bien que pour l'art une soif vous dévore,
Vous récitez des vers... chaque Muse s'honore
D'avoir pour interprète une aussi noble sœur !

Madame, alors je veux vous prier d'une chose :
De lire mon sonnet... un doux parfum de rose
De lui s'exhalera, passant par votre voix !

Et, poète enchanté, ravi de mon ouvrage,
De l'attrait tout nouveau dont vous serez le gage,
Avec amour aussi je le dirai parfois !

UN CLOU CHASSE L'AUTRE

Lise a le cœur fort bon et, parfois, très facile,
Mais sujet à l'erreur, ce n'est pas étonnant !
Souvent femme varie, il n'est pas difficile
De joindre à l'axiome un nouvel argument.

Pour rappeler à l'ordre un objet si charmant,
Je le lui dis, un jour ; je le croyais utile.
L'enfant, sans se fâcher, se saisit d'une vrille,
Et, la plaçant au mur, répond d'un air dolent :

« Monsieur, vous le savez, en ajoutant du vôtre,
« Que le clou qui se brise est chassé par un autre,
« Qu'il faut à la muraille en changer quelquefois :

« Et c'est ainsi de nous : nous avons en partage
« Tant de cœurs à chérir !... que c'est méthode sage
« D'en essayer beaucoup, pour faire un meilleur choix. »

SONNET SUR SAINT LOUIS

Bientôt je n'aurai plus ni de chant, ni de lyre,
Car mon luth, fort usé, s'échappe de mes doigts.
Tout nous fuit maintenant : la foi qui nous inspire,
L'étoile d'Orient et le sceptre des rois !

Comment pouvoir vanter le glorieux martyre
Du monarque captif, ses vertus, ses exploits,
Quand le peuple est ingrat, quand le peuple conspire,
Oublieux des grandeurs, des hauts faits d'autrefois !

Il ne se souvient plus de cette auguste scène :
Lorsque le Prince, assis à l'ombre du vieux chêne,
Assemblait ses sujets, accommodait leurs droits !

Dans ce temps-là, pourtant, la France était bien belle
Et crainte et vénérée ! on se rapprochait d'elle,
Pour suivre avec amour sa justice et ses lois !

LE ROMAN DE LA VIE

Oui, nous marchons toujours, recherchant la tendresse
De ceux que nous aimons de la plus vive ardeur,
Acceptant pour plaisir ce qui n'est que l'ivresse,
Et l'espoir insensé comme ombre du bonheur !

Un hasard nous séduit trompe notre candeur,
Et nous le saisissons, le cœur plein d'allégresse ;
Supplice de Tantale, un doux flot nous caresse ;
En vain nous le tenons, il fuit d'un air moqueur ;

Et puis, quand, harassés, conduits par les chimères,
Nous allons succomber sous le poids des misères,
L'orgueil se trouve en nous et fait un gros effort :

Aspirant au succès, déplorable folie,
Lorsque nous descendons le roman de la vie,
Sans pilote au vaisseau, sans rencontrer de port !

QU'ILS SONT BEAUX LES ENFANTS!

O vous qui grandissez, nous avançant dans l'âge,
Démons ou chérubins ! mettant l'âme à l'envers,
Au point que nous doutons, entendant le tapage,
Si vous venez du Ciel ou bien des noirs enfers ?

Vous êtes l'ornement de ce vaste univers.
Souvent, à votre aspect, disparait le nuage
Des chagrins, des ennuis ; vous présentez l'image
Du bonheur, de la joie et des riants concerts !

Mais aussi vous domptez ce qui vous environne ;
Henri quatre, autrefois, déposait sa couronne,
Pour suivre avec amour tous vos jeux innocents ;

Et moi, lorsque la mort, de sa voix solennelle,
Me prescrira d'aller vers la rive éternelle,
Encor je redirai : Qu'ils sont beaux les enfants !

LE TRIOMPHE DE LA FOI

Avançant dans la vie, on ressent la souffrance,
L'espérance est usée et le plaisir douteux ;
On voudrait bien pouvoir rapprocher la distance
Que l'on a devant soi, nous rapprochant des Cieux !

Le bonheur pour toujours est un bien précieux,
C'est le salut de tous, l'ancre de délivrance ;
Comment le concevoir, quand la pauvre science
Se couvre si souvent d'arguments ténébreux ?

L'ignorant, le capable ont le même avantage,
Et croire tout d'abord est l'art le plus sage :
Notre esprit ne sait rien quant à l'éternité.

Le cœur ne dit-il pas qu'il existe un abime
Pour punir le méchant et confondre le crime ?
Et c'est assez pour nous de divine clarté.

SOLFÉRINO

(A mon ancien Colonel) (1)

Ami, te souviens-tu de la grande bataille,
Quand, partis le matin de Carpénedolo,
Poursuivant l'ennemi, repoussant sa mitraille,
Le soir, nous l'acculions aux bords du Mincio.

Toi, vaillant colonel, dans un jour aussi beau,
L'épisode de guerre allait bien à ta taille :
Un de nos bataillons, aussi dur que muraille,
En marchant sur tes pas, s'empara d'un drapeau (2).

Le Ciel était brûlant ; plus chaude était la terre ;
On n'entendait partout que la voix du tonnerre.
Que d'efforts amassés ! que de sang répandu !

Combien de compagnons, visages doux et sombres,
Se sont vite envolés dans le pays des ombres,
Au triste appel, hélas ! qui n'ont pas répondu !

(1) Depuis général de Caussade.
(2) Le 76ᵉ de ligne prit un drapeau à l'ennemi.

LE PLAISIR D'OUTRE-TOMBE

OU LE VOYAGE DE L'ESPRIT

Vous ne me croirez pas, hélas ! et c'est folie
De vouloir abréger ce qui nous plaît autant,
Le grand plaisir de vivre, et je n'ai nulle envie
De troubler le repos, votre bonheur constant !

Aux fatigues du corps quand mon âme asservie
Ne supportera plus son poids lourd et gênant,
Au plus vite elle ira rechercher l'harmonie
De tous ces lieux si chers, d'attrait si séduisant !

A toi surtout, Salon, donnant la préférence,
Son vol discret et doux marquera sa présence,
Dans tes vallons en fleurs, autrefois son espoir !

Tu ne la verras pas — mêlée à ton haleine,
A ce souffle embaumé qui vers Dieu nous entraine,
Tu la retrouveras dans la brise du soir !

LA TEMPÊTE

Qu'il est doux de rêver au charme de la vie,
Quand l'air est tout semé de zéphirs amoureux,
Quand la journée est belle et se trouve enrichie
De baisers du soleil et de la paix des Cieux !

Hélas ! tu le sais bien que telle est mon envie,
Et que portant mes pas vers les chemins poudreux,
J'aime entendre la brise et fouler la prairie,
Écouter des oiseaux l'accord mélodieux !

Poète, que dis-tu ? ne perds-tu pas la tête?
Tu deviens fou, je crois, ton titre est la tempête
Et ta lyre dépeint le calme et le bonheur !

Oh ! non, lecteur, tais-toi : quand Philis est charmante,
Refuse de me voir, je suis dans la tourmente,
Tous les flots orageux sont éclos dans mon cœur !

LE SOUHAIT

J'aurais voulu vanter notre Patrie,
Verser la manne et consoler ses maux,
Mais il fallait beaucoup trop de génie,
Lyre d'Orphée et d'immenses travaux !

J'ai préféré, pour plus douce harmonie,
Brise du soir se jouant aux ormeaux,
Le rayon d'or pour simple mélodie
Ou Philomèle égayant les coteaux !

Pourquoi toujours ne voir que la tempête,
Le flot mugir menaçant notre tête ?
Quand Dieu lui-même a su fixer les mers !

Monde agité qui n'as pas de rivage,
Tu ne peux donc adoucir le langage
Du barde ami de ce vaste univers !

LES AMOURS DE MA PERRUCHE

En vain je te regarde, ô Perruche chérie !
Quand tes yeux fort ardents se rapprochent de moi,
Je voudrais bien savoir ce qui te fait envie !
Que peux-tu donc rêver qui cause ton émoi ?

A peine je te quitte et bientôt la folie
S'empare de ton être et tu trembles d'effroi ;
Ou l'amour te consume, ou rien, dans cette vie,
Ne doit plaire à ton cœur quand je suis loin de toi.

Aussi, lorsque j'accours, en déployant ton aile,
Tu prouves tes transports, soudain ta voix m'appelle,
Que de cris de bonheur s'échappent de ton sein !

Puis, sur mon doigt posée, acceptant ta caresse,
J'ai toujours ton baiser et la même tendresse
Que tu veux prolonger du soir jusqu'au matin.

LE BRICK DU PEINTRE SUCHET

Intrépide alcyon, oiseau fendant les airs,
Etendant le rameau de sa large envergure,
Ainsi paraît ton *Brick* — on croirait, je le jure,
Qu'il porte les trésors de ce vaste univers !

Au milieu des dangers conservant même allure,
Comme il est orgueilleux !... les vents sont ses concerts !
Rien ne semble troubler son égale courbure
Volant avec amour sur tous les flots divers.

Et pourtant, on le sait, il arrive au rivage,
A bord tout est heureux, satisfait du voyage,
S'abandonne à la joie, au charme du désir.

On annonce le port, il va plier sa voile,
Lorsqu'au doux firmament brille encor plus l'étoile
Qui promet le repos, ramène le plaisir.

L'ARRIVÉE DU MESSIE

Il est un jour heureux qui tarit la souffrance,
Où la foi du chrétien surtout se raffermit :
Epoque mémorable et pleine d'espérance,
Quand pour nous délivrer son œuvre s'accomplit !

Le prophète Isaie avait marqué d'avance
Cette bonne nouvelle, et l'étoile surgit
Qui guida le Roi Mage, indiquant la présence
De l'Enfant-Dieu naissant dans un pauvre réduit.

Vingt siècles ont passé sur l'étonnant mystère,
Sans pouvoir l'affaiblir : les peuples de la terre
Sont toujours prosternés le regard vers le Ciel :

L'éclatante lumière apercevant encore,
Ecoutant l'hosanna, la voix douce et sonore
Des anges proclamant le salut éternel !

LA BOUQUETIÈRE OU LA NIÇOISE
ŒUVRE DE MADAME LAURENCEAU

Où puiser le génie, afin de rendre hommage
A ce charmant tableau qui paraît un trésor ?
La Niçoise, je sais, est un fort bel ouvrage,
Un chef-d'œuvre accompli valant mieux que de l'or !

On voudrait la quitter, on la regarde encor
Cette enfant merveilleuse allant droit au rivage :
Son chapeau si coquet, sa séduisante image,
Tout berce la pensée, embellit son essor.

Pourtant, il faut le dire et ce n'est pas un blâme,
Par tant d'attraits divins elle saisit notre âme,
Que nous ne sentons plus le parfum de la fleur :

L'étoile ravissante a concentré le charme ;
Le pilote lui-même en a pris de l'alarme ;
Maître de l'aviron, on voit bien qu'il a peur.

BOUQUET POÉTIQUE

OFFERT A MONSIEUR ET MADAME BOUCHET

A l'occasion du 53° anniversaire de leur mariage

Au doux pays de la chère Provence
Explorateur, je me suis arrêté,
Visitant tout, mettant tout en cadence :
Esprit, talent, la grâce et la beauté !

Dans ce salon où je suis invité,
Je les retrouve et c'est mon assistance :
Tous ces trésors étant en ma présence,
Mon vers s'inspire et se sent excité !

Arbres unis avez bravé l'orage,
De vos rameaux j'aperçois l'entourage,
Bien près de vous les cœurs les plus vaillants ;

Sous cet abri, quand tant d'amour protège,
Pères si bons... l'âge en vain les assiège,
Il a beau faire, ils iront à cent ans !

Le jour des Rameaux 1880.

DERNIER CHANT DU CYGNE

L'enfant rose sourit sur le sein de sa mère,
L'étoile brille encor et c'est un seul instant,
Tout est vain dans ce monde et paraît éphémère,
La feuille se flétrit, tombe et suit le torrent !

Et ma muse ressemble à la brise légère
Qui va se perdre aussi dans l'épaisseur du vent !
Elle tarit bientôt sa source passagère
Et court vers le trépas qu'on appelle néant !

Amis, vous m'avez dit : il faut rompre ta lyre,
Arrêter tes sonnets et ne plus en écrire,
Que ce soit à cette heure, ou que ce soit demain !

Je le sens, je n'ai plus, pour orner ma couronne,
Choses dignes de vous ; les fleurs que le Ciel donne
Ont la même saveur, toujours même parfum !

ÉPITAPHE DE L'AUTEUR

Je veux mon épitaphe, et, pour qu'elle soit bonne,
Moi-même je la fais et l'écris en riant ;
Peut-être elle vivra, si le destin l'ordonne,
Comme offrande à mes fils et mon seul testament.

Disons-le tout d'abord : j'étais fort ignorant !
Souvent j'ai délaissé le latin, la Sorbonne,
Ne comprenant pas trop la peine qu'on se donne !
Pour reposer sous terre à quoi bon le savant ?

Sans talent, sans génie et très-peu de faconde,
Mon vers glissait des doigts, assez semblable à l'onde
Qui se répand partout et qui coule à pleins bords :

Mais le sol boit les eaux et nous cache leur place ;
Ainsi du doux Poète... on cherche en vain sa trace ;
La renommée échappe à beaucoup de nos morts !

NOTES

LE MARABOUT DE SIDI-BRAHIM (p. 23)

> Combien de noms inscrits au suprême holocauste
> On aurait pu citer ! Géreaux et Froment-Coste,
> Et Dutertre surtout, le cœur le plus vaillant !

Le sanglant épisode de Sidi-Brahim eut lieu le 23 septembre 1845. De grand matin, une colonne, sous les ordres du lieutenant-colonel de Montagnac, sortit de Nemours (Gemma-Gazouët) et se dirigea imprudemment sur le pays des *Traras*, à la poursuite d'Ab-del-Kader; un espion de ce dernier la guidait. Arrivée dans les *Misirda* elle fut enveloppée par des forces supérieures. Un peloton de cavalerie, ayant à sa tête le lieutenant-colonel de Montagnac et le capitaine Gentil de Saint-Alphonse du 2me hussards, chargea d'abord et fut arrêté sous une pluie de balles. Le Lieutenant-colonel et le Capitaine tombèrent les premiers. Le Capitaine, dit-on, fut tué des mains mêmes de l'Emir. Le 8e bataillon des chasseurs à pied, alors d'Orléans, attaqué à son tour par compagnies séparées, laissa tout son monde sur le terrain. Le commandant *Froment-Coste*, les capitaines *Burgard* et *de Chargère*, les lieutenants *de Chapdeleine* et *Bonnet* furent tués; 340 chasseurs succombèrent bravement et les Arabes firent peu de prisonniers.

Le capitaine de Géreaux, qui était d'arrière-garde, commandant la compagnie de chasseurs dite des *carabiniers* (armés de grosses carabines), arriva le dernier et n'eut que le temps de se réfugier dans le marabout de Sidi-Brahim. Là se renouvela le prodige de Mazagran: pendant plus de deux jours les chasseurs combattirent comme des lions, coupant les balles et ne tirant qu'à bout portant, pour mieux maintenir l'ennemi. Abdel-Kader, fatigué de leur longue résistance, fit avancer auprès du marabout le capitaine Dutertre, adjudant-major blessé, et lui promit la vie sauve, s'il engageait les chasseurs à se rendre; celui-ci n'en fit rien et leur prescrivit au contraire la résistance à outrance. A peine a-t-il prononcé quelques mots dans ce sens que les Arabes le saisissent, lui tranchent la tête et la jettent dans le marabout.

Les carabiniers qui restaient, ne voyant pas venir le secours qu'ils attendaient de *Nédroma* et manquant de vivres, sortent enfin et cherchent à se frayer un passage à travers l'ennemi; mais comment pouvoir faire une trouée au milieu des deux mille arabes qui les entourent? Ils continuent à être décimés et le brave capitaine de Géreaux, n'ayant plus que quelques hommes autour de lui, est frappé mortellement à quatre kilomètres de Nemours. Un petit monument a été consacré à sa mémoire à l'endroit même où il est tombé.

Le père du commandant Froment Coste quitta Grenoble, vint en Afrique se mettre à la recherche du corps de son fils, et, ne le trouvant pas, devint fou de désespoir.

Par un retour mystérieux des choses d'ici-bas, ce fut dans le pays de *Traras* que l'émir Ab-del-Kader conçut, en 1847, le projet de proposer la paix et de se constituer prisonnier, rendant par là un suprême, éclatant et dernier hommage à la bravoure française.

COMPIÈGNE ET JEANNE D'ARC (p. 161)

Si Boileau a eu raison de dire :

Un sonnet sans défauts vaut seul un long poème,

on peut ajouter que le nom seul de Jeanne d'Arc suffit à le glorifier. Quelle figure plus belle et plus poétique que celle de Jeanne ? quelles plus grandes et plus vives sympathies pour cette héroïne, aux voix intérieures, aux merveilleux triomphes, et que la foi conduit à Reims où le roi Charles VII est sacré ?

Compiègne a conservé son même culte pour la Bergère de Vaucouleurs ; il n'y a pas longtemps que l'on apercevait encore la tour où Jeanne, prisonnière le 23 Mai 1430, avait été renfermée et sur la porte de laquelle on lisait ce quatrain peu favorable aux Anglais :

> Cy fust Jehanne d'Ark, près de Cestui passage
> Par le nombre accablée et vendue à l'Anglais
> Qui brûla, le félon, elle tant brave et sage !
> Tous ceux-là d'Albion n'ont fait le bien jamais.

SAINT-PRIVAT (p. 182)

> Pourquoi parler d'un deuil si triste à la mémoire,
> Quand une balle au front éteignit tant de gloire,
> Les vœux de l'avenir, son rêve et ses splendeurs!

C'était vraiment un bien bel officier, brave et bon, que le jeune Olivier de Sailly, sous-lieutenant, sortant à peine de l'Ecole et tué à la bataille de Saint-Privat. Il y avait en lui du Joinville ; car, ainsi que l'ami de Louis IX, il écrivait ses mémoires sur le champ de bataille. Hélas! les pages qu'il laissa à sa famille indiquaient déjà le sang-froid, la maturité et un grand jugement, mais elles furent vite interrompues. Sa dernière, glas funèbre pour le cœur d'un père, portait la date du 18 août, jour du dernier combat; elle était blanche, et sans doute que ce fut une main dévouée et fidèle qui inscrivit au bas:

Mort au champ d'Honneur!

SOLFÉRINO (p. 216)

Combien de compagnons, visages doux et sombres,
Se sont vite envolés dans le pays des ombres,
Au triste appel, hélas! qui n'ont pas répondu!

Grande bataille et pluie de feux auxquelles les éléments ont pris part; ce ne furent pas les Dieux d'Homère qui s'interposèrent dans cette lutte gigantesque, mais un épouvantable orage qui arrêta le combat et qui permit aux Autrichiens, en retardant notre marche, de repasser le soir même le Mincio.

NOTICE SUR PÉTRARQUE

NOTICE

Les grandes fêtes célébrées à Avignon, en 1874, pour rappeler la mémoire de Pétrarque ont suggéré à l'auteur l'idée d'une légère notice capable de plaire au lecteur, en l'éclairant sur certains faits de celui qui fut une des gloires et des merveilles de son siècle. Ici, ce n'est pas une existence à retracer, d'autres s'en sont chargés, il s'agit seulement d'extraire d'un ouvrage important deux ou trois épisodes, sans doute peu connus, et qui ne peuvent qu'exciter la curiosité des érudits et des poètes. M. Esménard du Mazet, mort à Marseille colonel du génie en retraite, a laissé un très beau volume sur Pétrarque, décrivant sa vie et traduisant en sonnets français ses sonnets italiens, immense labeur de dix ans ! A-t-il trouvé la récompense pour cet enfantement opiniâtre, nous en doutons et nous sommes heureux aujourd'hui, sans pouvoir passer pour plagiaire, de remettre au jour quelques-unes des belles pages de son livre. Voici comme l'auteur de Pétrarque dépeint sa rencontre avec Laure.

« Son cœur, dit-il, était vierge d'un véritable amour,
« lorsque, le 6 avril 1327, il aperçut pour la première
« fois celle qu'il devait immortaliser par ses vers.
« Laure était alors dans la fleur de la jeunesse ; Pétrar-
« que, en la voyant, fut ébloui de sa beauté. Ses grâces,
« sa modestie, l'élégance de son costume, tout réalisait
« aux yeux du poète ce fantôme que son imagination
« ardente avait, sans doute, rêvé plus d'une fois. Il
« sentit que c'était la femme que le Ciel avait prédes-
« tinée à ses chants, et, dès ce jour, il lui voua ce culte
« unique dans l'histoire, et qui, pendant trente années,
« se mêle à toutes les pensées, à toutes les occupations
« de cet homme célèbre. »

Monsieur le colonel du Mazet ajoute un peu plus bas :

« Laure, en partageant son amour, n'osait l'encou-
« rager. Elle renfermait dans son cœur des sentiments
« secrets. Pouvait-elle être insensible à la passion d'un
« homme tel que Pétrarque, au plaisir d'être chantée
« par le poète le plus aimable et le plus fidèle ? la chose
« n'est point probable ; Mais il paraît certain d'un autre
« côté *que la vertu n'eut point à rougir du triomphe de*
« *l'amour-propre.* Pétrarque, toujours découragé et tou-
« jours retenu par une espérance trompeuse, fut la dupe

« du petit manége de coquetterie auquel nous sommes
« redevables de ces poésies italiennes qui font aujourd'hui
« la gloire de leur auteur, quoique dans la suite il les
« jugeât lui-même bien sévèrement. »

Voici ce que Pétrarque pensait de ses sonnets :

« *Ces bagatelles*, écrivait-il à Pandolphe de Malatesta
« seigneur de Rimini, ces *bagatelles* qui ont fait l'amu-
« sement de ma jeunesse, ont besoin de votre indulgence,
« vous pardonnerez à l'âge les fautes de style et les folies
« de l'amour, j'ai honte de vous envoyer de telles *niai-
« series*. Vous les avez demandées avec instance ; pou-
« vais-je vous refuser des vers qui courent les rues et
« qu'on préfère aux ouvrages solides que j'ai faits dans
« un âge mûr ? »

Pétrarque, fort jeune encore, avait visité la fontaine de Vaucluse et, charmé du silence de cette solitude, de la fraîcheur des eaux, il avait formé le projet de s'y retirer un jour ; il l'exécuta, en 1334, à son retour d'un voyage d'Italie. C'était le plus mauvais parti qu'il pût prendre ; il oubliait le précepte d'Ovide : *O vous qui aimez, fuyez la solitude, rien n'est dangereux comme elle !* « Ici, ajou-
« tait-il, mes yeux qui n'ont vu que trop de charmes à
« Avignon, n'aperçoivent plus que le ciel, les rochers et

« les eaux ; ici, je fais la guerre à mes vers et aux hôtes
« des bois ; échappé des pièges de l'amour, je tends des
« filets aux poissons. Rien de si singulier que mes deux
« jardins. Je suis indigné qu'il y ait quelque chose
« de semblable hors de l'Italie. Que je respire un air pur
« dans mes champs ! mais, le dirais-je ? le voisinage
« d'Avignon empoisonne tout. »

Ce fut le 13 août 1340, à Vaucluse, que Pétrarque reçut du sénat romain l'invitation d'aller se faire couronner au Capitole ; il accepta, et nous terminons notre courte Notice ou plutôt le récit de notre cher et regretté cousin, par ses détails sur cette grande et exceptionnelle cérémonie qui eut lieu le 7 avril 1341.

Pétrarque parut au Capitole, dans un costume composé d'emblèmes mythologiques. Il était précédé par douze jeunes gens de quinze ans, habillés d'écarlate, qui, choisis dans les meilleures maisons de la ville, récitaient des vers de sa composition. Derrière lui, et soutenant sa robe flottante, marchait une jeune fille échevelée, les pieds nus et un flambeau à la main. Le Sénateur de Rome, après avoir fait un discours, ôta de sa tête une couronne de laurier et, la mettant sur celle de Pétrarque, lui dit : *La couronne est la récompense du mérite*. Le peuple, alors, marqua sa joie par des applaudissements et s'écria à plusieurs reprises : Vive le Capitole et le Poète ! On lui expédia des lettres patentes par lesquelles, après un grand éloge de son savoir et de ses talents, on le déclara *citoyen romain* pour prix de l'affection qu'il avait toujours portée à la ville de Rome et à la République. Il fut ensuite conduit à l'église de Saint-Pierre et il y fit l'offrande de sa couronne, pour qu'elle restât suspendue à la voûte du temple.

TABLE

A Messieurs les Membres de l'Association des Anciens Elèves du Collège de Compiègne.
Préface, par L. S. DE VINSARGUES.
Sonnet-Dédicace aux Elèves du Collège de Compiègne.

	Pages
Le Rêve de l'Enfant	15
L'ombre du Diable	16
Il faut vivre avec son siècle	17
Où est le Chat?	18
A quoi peut servir le latin	19
Du pauvre Aveugle, hélas! le chien qui devient sourd	20
Un Ane qui a plus d'esprit que son maître	21
Il faut aimer!	22
Le marabout de Sidi-Brahim	23
Le Charlatan ruiné	24
Le baiser d'une Mère	25
L'Ange sauveur	26
Histoire d'un Sou racontée par lui-même	27
A mes Amis du Collège qui m'avaient invité à un banquet	28
L'Espérance (*deuxième prix d'un concours*)	29
Marseille la belle!	30
Le Palais des Arts de Longchamp	31
La Corniche	32
Le rêve d'une Mère	33
La Harpe brisée	34
La Nuit	35

	Pages
Le Crépuscule	36
L'Aurore	37
L'heure de midi en Provence	38
Une Séduction	39
Le Mari qui porte sa croix	40
Un Ange à Paris	41
Ce qu'on aime en ce monde	42
Où vont dormir nos rêves	43
Service pour service	44
Mlle Alice Dellac âgée de trois ans	45
Le lever du Soleil	46
Les trois âges de la Vie	47
Le retour du Printemps	48
Les effets printaniers	49
Le Papillon et la Rose	50
Le pâle Automne	51
Le triste Hiver	52
La Neige	53
Merveilles de la nature	54
Joie d'une Dame marseillaise, en apprenant qu'elle allait être chantée par un nouveau Pétrarque	55
Portrait de Laure	56
Pétrarque à Laure	57
Deuxième déclaration de Pétrarque	58
Sage réponse de Laure	59
Modestie et aveu de Pétrarque qui s'adresse à Laure	60
Passion insensée de Pétrarque qui n'a pas vu Laure	61
Pensées de l'Auteur à l'égard de Pétrarque et de Laure	62
Pétrarque se meurt en apercevant Laure	63
Sonnet trouvé dans les papiers de Pétrarque	64
Les Poètes d'autrefois	65
L'échelle du Diable	66
La leçon d'Horticulture	67
L'Esprit français au XIXe siècle	68
La Part du feu	69

	Pages
Un très vilain Langage	70
Une Fille de bon sens	71
Ange ou Démon	72
On n'est jamais trahi que par les siens	73
La Promesse normande	74
La Renommée	75
Le Rendez-vous	76
Aimer trop c'est mourir!	77
Le Sommeil	78
Le Destin	79
Les Yeux sont près du Cœur	80
La Clef du cœur	81
L'Ange des nuits	82
Cherchez, vous trouverez!	83
Un Médecin indiscret	84
La Jeune Fille, l'Hirondelle et l'Ermite	85
La Pluie d'or, ou Danaé	86
Le mauvais tour que Lucifer joue à la Terre	87
Pourquoi la Femme est si changeante	88
Le double Malheur	89
Le dernier Homme, ou le Pardon	90
Tendre aveu d'une Jeune Fille	91
Grand combat entre le Soleil et la Lune	92
Un affreux Démon	93
Le Fou	94
Désillusion	95
Idées poétiques	96
A Marguerite enfant	97
Je chanterai toujours	98
La Charmeuse	99
La Parisienne excentrique	100
Crainte du Réalisme en peinture	101
L'Inspiration poétique	102
Au Poète l'empire du monde	103
L'Heure	104

	Pages
Les Allées de Meilhan..	105
L'Hosanna universel..	106
La voix de l'Ange...	107
Les Deux Amoureux...	108
Le Bonheur dans un songe.....................................	109
La Réponse d'un Esprit...	110
Le Mal du pays..	111
Le Verre d'eau...	112
La Charité, sous la forme de Mme Baudouïn-Gounelle.........	113
L'Amour divin...	114
L'Orage...	115
L'Obscurité..	116
La Jeune Fille mourante.......................................	117
Soleil et Tempêtes..	118
Frère et Sœur...	119
La Chute d'une fleur..	120
La fureur jalouse d'Othello....................................	121
Brune ou Blonde..	122
Le Célibataire...	123
Fille et Femme..	124
Le Passé...	125
Caprice d'une Malade..	126
Le fâcheux Pronostic...	127
L'Arabe à son Coursier..	128
Le dernier Abri...	129
L'Amour repoussé..	130
Un Voleur qu'on ne peut pas éviter..........................	131
L'Esprit tranquille..	132
Un Ami regretté...	133
Le Temps..	134
Orgueil de l'Homme..	135
Premières méchancetés des fils d'Adam......................	136
La voix d'une Mère...	137
Injustice à l'égard du Destin...................................	138
Le dernier vœu d'une Mourante...............................	139

	Pages
Le voyage des Anges	140
Les Deux Vieux du platane	141
Souvenir de leur promenade du Dimanche	142
L'Amour à soixante ans, piteuse mine!	143
Fidélité envers la Muse	144
La mort de Socrate	145
Au peintre Gervex, sur son tableau de *Rolla*	146
A M' et Mme Tourny, peintres d'aquarelles	147
Hommage à M. l'abbé Aoust, professeur à la Faculté des sciences	148
Deuxième Sonnet au savant Professeur	149
Remerciement à une lettre de M. l'abbé Aoust	150
Encouragement poétique à Mme Carcassonne	151
A mon ami M. Louis Méry, professeur honoraire à la Faculté des lettres	152
L'Ange du foyer, Mlle Marie Rastit	153
Apparition de la ville de Salon sous les doigts du peintre Isnard	154
Pélissanne	155
Lançon ; Sonnet dédié aux Dames R***	156
Lamanon, la tête des Eaux Boisgelin et Craponne	157
Saint-Lô ; offert à une Dame qui m'avait demandé un sonnet	158
Les ruines du palais de Saint-Cloud	159
Noyon, la vieille ville de saint Eloi	160
Compiègne	161
La Crau ou le domaine de *Regarde-Venir*	162
L'Ombre du comte de Cillart	163
La Lyre et l'Epée	164
La Mendiante	165
La Vengeance	166
Un Mari à la mer	167
La Fête des Morts, à Marseille	168
La Lampe qui s'éteint	169
La Lanterne	170
Les Hirondelles	171
La Mouche	172

	Pages
Le chant des Fauvettes	173
Tout chemin mène à Rome	174
Le désespoir de Lise	175
Deux époux fort jaloux	176
La France et la Liberté	177
L'Enfant descend du Ciel, y remonte parfois!...	178
Je l'attends tous les jours, ma Fille ne vient pas!	179
La mort du Sauveur	180
Dernière pensée de deuil	181
Mort du jeune Olivier de Sailly, tué à la bataille de Saint-Privat	182
Elle était morte!	183
Pauvres Enfants!	184
A mon ami Canton, sur la mort de sa fille	185
Le tombeau de ma cousine Sicard	186
Même sujet, tristesse de l'Ange	187
Convoi de la jeune Noémie Bory	188
Sonnet adressé à la famille du docteur Baret	189
Disparue à vingt ans!	190
Erreur d'une enfant	191
Le Colibri	192
Calme et Simplicité	193
Mon plus doux sonnet	194
Le Serpent sous les Fleurs	195
Deuxième Sonnet à mon ami M. Louis Méry, Professeur	196
La vraie Philosophie	197
Troisième sonnet à mes Amis du Collège qui m'avaient invité à la Distribution des Prix	198
Une pointe à Boileau	199
Le départ de ma petite-fille Marguerite	200
Coup de pied de Juvénal ou les Lectures d'aujourd'hui	201
Mort de la pauvre Jenny	202
Souvenir de mon ami Louis Aubrelicque	203
L'Amour de la Patrie	204
Les deux Philosophes	205

	Pages
Souvenir de notre mère Eve	206
A mon neveu Sibour, capitaine de vaisseau	207
Auri sacra fames	208
Les Deux Jeunes Sœurs ou le Langage des fleurs	209
Prière à une Dame	210
Un clou chasse l'autre	211
Sonnet sur saint Louis	212
Le Roman de la vie	213
Qu'ils sont beaux les Enfants !	214
Le Triomphe de la Foi	215
Solférino	216
Le plaisir d'outre-tombe	217
La Tempête	218
Le Souhait	219
Les amours de ma Perruche	220
Le *Brick* du peintre Suchet	221
L'arrivée du Messie	222
La Bouquetière ou *La Nicoise*, œuvre de Madame Laurenceau.	223
Bouquet poétique, offert à M^r et à Mme Bouchet, à l'occasion du 53e anniversaire de leur mariage	224
Dernier Chant du Cygne	225
Epitaphe de l'Auteur	226
Notes concernant quelques sonnets	227
Notice sur Pétrarque	235

www.ingramcontent.com/pod-product-compliance
Lightning Source LLC
Chambersburg PA
CBHW070654170426
43200CB00010B/2229